Jonas Lanig

Typischen Konflikten im Lehreralltag begegnen

Fallbeispiele und konkrete Handlungsempfehlungen

Verlag an der Ruhr

Titel
Typischen Konflikten im Lehreralltag begegnen
Fallbeispiele und konkrete Handlungsempfehlungen

Autor
Jonas Lanig

Titelbildmotiv
© alphaspirit – Fotolia.com

Fotos
Seite 7: © Daniel Mock – Fotolia.com
Seite 79: © lite – Fotolia.com
Seite 115: © Woodapple – Fotolia.com

Satz
Patrick Gladt

Verlag an der Ruhr
Mülheim an der Ruhr
www.verlagruhr.de

Geeignet für die Klassen 5–13

Unser Beitrag zum Umweltschutz:
Wir sind seit 2008 ein ÖKOPROFIT®-Betrieb und setzen uns damit aktiv für den Umweltschutz ein. Das ÖKOPROFIT®-Projekt unterstützt Betriebe dabei, die Umwelt durch nachhaltiges Wirtschaften zu entlasten. Unsere Produkte sind grundsätzlich auf chlorfrei gebleichtes und nach Umweltschutzstandards zertifiziertes Papier gedruckt.

ISBN 978-3-8346-2512-0

Printed in Germany

Anleitung zum Mutigsein

Unterrichten ist nichts für Feiglinge. Wer sich darauf einlässt, begibt sich auf ein unwegsames Gelände. Es sind schwierige Situationen zu meistern, heikle Konflikte auszuhalten. Es wird manche Gratwanderung zu bestehen sein, man wird sich einigen Ärger einhandeln. Vor solchen Konflikten einzuknicken – das wäre die falsche Antwort. Deshalb macht es keinen Sinn, die Provokation eines Schülers zu überhören, der Denunziation einer Mutter aus dem Weg zu gehen oder beim Fehlverhalten eines Kollegen* einfach wegzuschauen. Stattdessen bedarf es auch im pädagogischen Alltag einer Menge Zivilcourage, um solchen Herausforderungen standzuhalten. Genau hinzusehen statt wegzuschauen, den Mund aufzumachen statt herumzudrucksen, mutig einzuschreiten statt sich herauszuhalten – so zeigt sich auch in der Schule couragiertes Verhalten.

Dabei haben Sie es nicht mit Situationen zu tun, die immer wiederkehren und die sich von erfahrenen Lehrkräften routiniert und souverän klären ließen. Bei genauerem Hinsehen zeigt sich, dass auch vermeintliche Standardsituationen ihre eigene Geschichte haben und deshalb besondere Sensibilität und Kreativität erfordern. Die in diesem Buch skizzierten Konflikte lassen sich deshalb nicht beliebig übertragen. Und doch werden dabei die Grundmuster pädagogischer Auseinandersetzungen sichtbar, die sich der jeweiligen Situation anpassen und entsprechend abwandeln lassen.

Im Umgang mit solchen Konflikten gibt es keinen Königsweg. Stattdessen haben Lehrer[1] zwischen unterschiedlichen Alternativen zu wählen, die es abzuwägen und zielführend einzusetzen gilt. Was sich in einem Fall als effektive und konstruktive Reaktion bewährt, kann in einer anderen Situation das genaue Gegenteil bewirken. Deshalb versteht sich diese Navigationshilfe durch die Konflikte des schulischen Alltags nicht als eine Rezeptsammlung, sondern eher als eine Einladung zum Diskurs.

Von Lehrern wird erwartet, dass sie im Konfliktfall stets spontan und souverän agieren, immer das Richtige tun und jede Störung möglichst geräuschlos aus der Welt schaffen. Solche Erwartungen aber lösen Stress, vielleicht sogar Panik aus. Deshalb sollten Sie sich die Freiheit nehmen, sich nicht unter Druck setzen zu lassen und sich stattdessen Zeit für eine angemessene Reaktion zu nehmen. Das schließt mit ein, eine Entscheidung gegebenenfalls zu überschlafen und überhaupt: erst einmal durchzuatmen.

---

* Aus Gründen der besseren Lesbarkeit haben wir in diesem Buch durchgehend die männliche Form verwendet. Natürlich sind damit auch immer Frauen und Mädchen gemeint, also Lehrerinnen, Schülerinnen etc.

Auf einen Konflikt pädagogisch angemessen zu reagieren und damit professionell umzugehen – das ist immer nur die zweitbeste Lösung. Denn bei nächster Gelegenheit kann eine solche Auseinandersetzung wieder aufbrechen, kann den Lehrer eine nur oberflächliche Lösung bald wieder eingeholt haben. Im Sinne einer nachhaltigen Konfliktprävention ist es deshalb notwendig, jeweils nach strukturellen Antworten zu suchen. So bietet es sich z. B. an, eine Methode zu praktizieren, ein Projekt anzubieten, ein Ritual einzuführen, ein Amt auszuschreiben oder ein Gremium einzurichten. Von Lehrern werden nämlich nicht nur Schlagfertigkeit und Reaktionsvermögen verlangt, sondern auch der lange Atem erwartet, den solche strukturellen Lösungen erfordern.

Die vorliegende Orientierungshilfe durch ein pädagogisch und schulrechtlich vermintes Terrain geht auf eine Anregung von Hertha Beuschel-Menze und Frohmut Menze zurück. Die beiden haben vor vielen Jahren die Stiftung Civil-Courage gegründet – damit Schüler, Eltern und Lehrer den aufrechten Gang nicht verlernen und die Tugenden der Zivilgesellschaft auch an den Schulen gepflegt werden.

Konflikte nicht nur durch eine schlagfertige Reaktion, sondern nachhaltig zu lösen – dazu will dieses Buch ermutigen.

Jonas Lanig

1

Konflikte mit Schülern

Genug gefördert

Arif ist 12 Jahre alt und besucht die 6. Klasse eines Gymnasiums. Er ist ein Schüler mit Migrationshintergrund und hat deshalb manche Bildungshürde zu überwinden. So muss der 12-Jährige inzwischen die vierte Sprache lernen: Der Sohn türkischer Eltern hat im Kindergarten Deutsch gelernt und sich später mit Englisch anfreunden müssen. Jetzt muss er sich auch noch mit Französisch herumquälen. Als zuständige Fachlehrerin hat Manuela Peters großes Verständnis dafür, dass er damit überfordert ist und dass ihm das Sprachenlernen zu viel wird. Um Schülern wie Arif zu helfen, bietet ihr Gymnasium zahlreiche Fördermaßnahmen an: Der Junge belegt das Wahlfach „Deutsch als Zweitsprache", seine Eltern haben ihn für die „Lernwerkstatt Englisch" angemeldet und er nimmt an einem „Intensivierungskurs Französisch" teil. An Kinder wie Arif wird eine Kollegin gedacht haben, als sie kürzlich mit dem Stoßseufzer zu vernehmen war: „Ich glaube, wir fördern uns noch zu Tode."

Als Arif im Intensivierungskurs ein Merkblatt mit alten und neuen Vokabeln bearbeiten soll, kommt es zum Eklat: Der offensichtlich frustrierte Junge bekommt plötzlich einen knallroten Kopf. Er knüllt das Blatt zusammen, wirft es Manuela Peters vor die Füße und brüllt sie mit sich überschlagender Stimme an: „Den Scheiß können Sie selber ausfüllen!"

Mit so viel Aufsässigkeit konfrontiert, hätten die meisten Kollegen nicht lange gefackelt. Schließlich hat Arif hier nicht nur die Arbeit verweigert, sondern sich auch ganz klar im Ton vergriffen. Ihre **Reaktion** wäre deshalb kurz und entschlossen ausgefallen:

„Das war zu viel, Arif. Dafür gibt es einen schriftlichen Verweis!"

Die Eltern des Schülers hätten dann wenige Tage später in ihrem Briefkasten eine **Mitteilung** wie diese vorgefunden:

Hiermit erhält Ihr Sohn Arif einen Verweis, weil er sich der Anordnung einer Lehrkraft widersetzt und diese darüber hinaus grob beleidigt hat. Bitte suchen Sie mich wegen dieser Angelegenheit in meiner Sprechstunde auf.
M. Peters

Mit einem solchen **Verweis** reicht die Schule ihre erzieherische Kompetenz an das Elternhaus weiter. Sie entzieht sich damit ihrer eigentlichen Verantwortung, denn jetzt ist es Sache der Erziehungsberechtigten, ihren aufsässigen Sohn zu Raison zu bringen. Damit riskiert die Schule freilich eine extreme Ungleichbehandlung ihrer Schüler: Da gibt es Eltern, die einen solchen Verweis zum Anlass nehmen, um ihren Kindern ein Fernsehverbot oder einen Hausarrest aufzubrummen. Da gibt es aber auch Eltern, die solche Verweise im Papierkorb verschwinden lassen. Wer das Fehlverhalten eines Schülers mit einem Verweis sanktioniert, nimmt solche Unterschiede bewusst in Kauf.

Andererseits stellt Arif mit seinem Verhalten die **Autorität** von Frau Peters als Lehrerin zur Disposition. Jetzt einfach zur Tagesordnung überzugehen, würde ihr von seinen Mitschülern als ein Eingeständnis pädagogischen Versagens ausgelegt werden. Deshalb hätte die Lehrerin dem 12-Jährigen am liebsten geantwortet:

> *„Arif, es reicht! Was in diesem Klassenzimmer gilt und was nicht – das bestimme immer noch ich. Und damit das ganz klar ist: Du faltest das Arbeitsblatt jetzt augenblicklich auseinander und füllst die freien Lücken aus!“*

Mit dieser **klaren Ansage** könnte Manuela Peters die souveräne Überlegenheit im Intensivierungskurs zurückgewinnen. Schließlich hat Arif seine Verweigerung bewusst inszeniert und er wollte damit wohl auch seine Mitschüler beeindrucken.

Andererseits würde der Junge diese Niederlage möglicherweise nicht widerstandslos akzeptieren. Er könnte alles daran setzen, Frau Peters den **vermeintlichen Imageverlust** bei nächster Gelegenheit heimzuzahlen. Die nächste Auseinandersetzung wäre damit vorprogrammiert. Ihre spontane Reaktion würde damit eine **Konfliktspirale** in Gang setzen, die die Stimmung im Klassenzimmer nachhaltig belastet.

Deshalb sollte sie dem aufgebrachten Schüler besser **Zeit geben**, um seine Emotionen zu sortieren:

> *„Arif, ich habe jetzt keine Lust, mich hier mit dir herumzustreiten. Du kannst dich so lange mit einer anderen Aufgabe beschäftigen. Aber nach der Stunde möchte ich dich unbedingt sprechen. Denn so kann dein Verhalten nicht stehen bleiben.“*

Der erregte Schüler wird die ihm zugestandene Zeit vermutlich zu nutzen wissen, um wieder zur Vernunft zu kommen und sich gute Argumente für das anschließende Gespräch zurechtzulegen. Er wird im besten Fall seinen Fehler einsehen und sich dabei helfen lassen, solche Wutausbrüche in Zukunft zu vermeiden. Um Schülern nach solchen unangemessenen Ausbrüchen Gelegenheit zu geben, sich mit **ihrem Verhalten auseinanderzusetzen**, hat sich der ➜ **Trainingsraum** als geeignetes Mittel an vielen Schulen etabliert.

Wenn ein Schüler auszurasten droht: Der Trainingsraum

Immer wieder kommt es vor, dass ein Konflikt im Klassenzimmer zu eskalieren droht: Die beteiligten Schüler haben ihre Erregung nicht mehr im Griff. Sie lassen sich dann zu Äußerungen und Handlungen hinreißen, die ihnen wenig später vielleicht schon leidtun. Rationalen Argumenten aber sind sie nicht mehr zugänglich. In dieser Situation sind sie auf eine **Auszeit** angewiesen, um ihre Erregung „abzukühlen". Früher hätte man derart aufgebrachte Schüler vielleicht vor die Tür gestellt. Diese diskriminierende Praxis kollidiert aber oft mit dem geltenden Aufsichtsrecht.

Deshalb haben sich viele Schulen für solche Fälle einen eigenen **Trainingsraum** zugelegt. Hier hält sich jeweils ein Lehrer in seiner Freistunde auf. Er kann dabei Klassenarbeiten korrigieren, sich auf die nächste Stunde vorbereiten, seine Internet-Korrespondenz erledigen usw. Gleichzeitig beaufsichtigt er die Schüler, die ihm von seinen Kollegen geschickt werden und die hier eine Auszeit absolvieren.

Dazu erhält jeder Schüler einen **Passagierschein**, auf dem ihm der Beginn dieser erzieherischen Maßnahme und sein Erscheinen im Trainingsraum bestätigt werden. So kann verhindert werden, dass die Betroffenen erst einen ausgedehnten Umweg durch die Mensa oder über den Schulhof absolvieren, bevor sie sich endlich in die Obhut eines Lehrers begeben. Dieser händigt ihnen dann einen **Fragebogen** aus, der ihnen als Leitfaden für die Konfliktanamnese dient:

- Wie kam es dazu, dass du in den Trainingsraum abgeordnet worden bist?
- Was war für dich der Auslöser dieses Konflikts?
- Wie ist die Auseinandersetzung nach deiner Erinnerung abgelaufen?
- Was hätte der Lehrer tun sollen, um den Konflikt zu entschärfen?
- Was hast du selber in der beschriebenen Situation falsch gemacht?
- Welche Rolle haben deine Mitschüler bei der Entwicklung des Konflikts gespielt?
- Was willst du verändern, um solche Auseinandersetzungen in Zukunft zu verhindern?
- Von wem hast du dabei Hilfe zu erwarten?

- Was sollte sich an unserer Schule verändern, damit es nicht mehr zu derartigen Konflikten kommt?
- Was willst du dem beteiligten Lehrer noch ganz persönlich mitteilen?

Der zunächst noch von Wut und Enttäuschung getriebene Schüler füllt während seiner **Auszeit** diesen Fragebogen aus. Dadurch wird sich sein anfänglicher Zorn allmählich abkühlen und es wird ihm so eine rationale Einschätzung des Konflikts ermöglicht. Den ausgefüllten Fragebogen gibt der Schüler der Aufsicht führenden Lehrkraft und diese legt ihn dem betroffenen Kollegen später ins Fach. Auf dieser Basis führen beide Konfliktparteien dann ein **Gespräch**, bei dem der Konflikt so sachlich wie möglich und so ausführlich wie nötig aufgearbeitet wird.

Um einen solchen Trainingsraum unterhalten zu können, sind erhebliche **organisatorische Anstrengungen** notwendig. Allerdings kann diese Maßnahme verhindern helfen, dass Lehrer und Schüler ihre vermeintlichen Schaukämpfe vor der ganzen Klasse austragen. Schließlich darf sich das Klassenzimmer nicht in einen Boxring verwandeln, von dem der emotionale Funke auf das Publikum überspringt und die Atmosphäre nachhaltig vergiftet.

Bei Nichtgefallen Geld zurück

Die Auswahl der Klassenlektüre ist André Franke ein wichtiges Anliegen. Vor allem in der 8. Klasse gibt sich der junge Deutschlehrer damit große Mühe. Schließlich können die Schüler in diesem Alter mit Büchern nur wenig anfangen. Das gilt vor allem für die Jungen, von denen die meisten nur gezwungenermaßen ein Buch in die Hand nehmen. Diesmal aber ist sich Herr Franke seiner Sache ganz sicher. „Der Junge, der im Schnee schlief" von Henning Mankell: Mit diesem ebenso spannenden wie poetischen Pubertätsroman glaubt er, auch die besonders hartnäckigen Lesemuffel in seiner 8d noch erreichen zu können.

Den vorlauten Kevin scheint er damit aber nicht beeindruckt zu haben. Denn der glaubt schon nach wenigen Seiten, zu wissen: „Dieser Wälzer ist nichts für mich. Das ganze Buch ist doch einfach nur pervers." Mit diesen Worten knallt er dem Deutschlehrer die sorgfältig ausgewählte Klassenlektüre auf den Tisch. Und das Geld dafür will er natürlich auch zurück. Bedauerlich für Herrn Franke ist, dass ihm viele Mitschüler spontan beipflichten. Und so fühlt er sich wie der Veranstalter einer Kaffeefahrt, dem die aufgebrachten Rentner ihre überteuerten Spontankäufe vor die Füße kippen – so als hätte er seine Schützlinge um ihr Geld und ihre Muße betrogen.

Natürlich könnte sich der angegriffene Deutschlehrer auf die **formaljuristische Position** des Rechthabens zurückziehen:

> *„Die Auswahl der Klassenlektüre obliegt ganz allein meiner Verantwortung. Schließlich bin ich der zuständige Deutschlehrer. Dafür sind ausschließlich fachliche Gründe maßgeblich – zu denen euch Schülern kein Urteil zusteht."*

Damit ließe sich ein möglicher Aufstand in der 8d zwar kurzzeitig abwenden. Überzeugt wären die Schüler deshalb noch lange nicht. Gerade im Zusammenhang mit der Klassenlektüre wäre es daher besser, geduldige **Überzeugungsarbeit** zu leisten. So könnte der Lehrer Kevin und seine Freunde daran erinnern, dass sich ein literarisches Urteil nach nur wenigen Seiten verbietet und dass sie dafür schon das gesamte Buch gelesen haben sollten:

> *„Auch der erste Band von „Harry Potter" beginnt denkbar langweilig. Dann aber gewinnt das Buch an Fahrt. Schließlich wird es so spannend, dass fast alle Leser bis zum Ende durchhalten. Und ganz ähnlich könnte es euch auch mit diesem Buch von Henning Mankell gehen."*

Herr Franke könnte die Schüler aber auch davon überzeugen, dass es hier um **Fragen des literarischen Geschmacks** geht – und dass er hier jeweils die unterschiedlichen Erwartungen innerhalb der Klasse zu berücksichtigen hat:

„Jeder von euch hat einen anderen Geschmack. Bei meiner Entscheidung für eine gemeinsame Klassenlektüre musste ich den unterschiedlichen Vorlieben Rechnung tragen. Etwas anderes als ein Kompromiss konnte dabei gar nicht herauskommen. Wenn sich jeder nur mit seiner Lieblingslektüre beschäftigen wollte, bräuchten wir keine Klassenlektüre."

Schließlich könnte er auch den **Gründen** nachgehen, die Kevin zu seiner ablehnenden Haltung veranlassen. Offensichtlich vermag sich der 8.-Klässler mit dem gleichaltrigen Helden des Romans nicht zu identifizieren. Das könnte auch damit zusammenhängen, dass ihm gewisse Ähnlichkeiten und Übereinstimmungen einfach nur peinlich sind:

„Bücher sind immer eine Einladung, um sich auf fremde Epochen, Kulturen und Generationen einzulassen. Denn es wäre doch langweilig, hier immer nur dem Altbekannten und längst Vertrauten zu begegnen. Das Meer zu sehen, einer nackten Frau zu begegnen oder eine Winternacht im Freien zu verbringen – solche Wünsche mögen dir vielleicht fremd sein. Aber es sollte doch auch dich interessieren, welcher Mensch sich hinter diesen Tagträumen verbirgt. In diesem Buch erfährst du es!"

Mit einer solchen Ansprache wäre der Grundstein für einen **diskursiven Umgang** mit der Klassenlektüre gelegt. So lernen die Schüler, dass sich die Auseinandersetzung mit einer literarischen Vorlage nicht nur in Zustimmung oder Ablehnung erschöpfen kann – sondern dass dazu Argumente, Wahrnehmungen und Interpretationen ausgetauscht werden müssen. Mit dem plakativen Facebook-Kürzel „Gefällt mir" allein lassen sich die Tiefen und Weiten literarischer Sujets wohl kaum ergründen.

Damit die Schüler lernen, Kritik angemessen zu äußern, ist es vorteilhaft, in der Klasse ein ritualisiertes Feedbacksystem zu installieren – wie z. B. → **die blauen Karten**.

Ein ehrliches Stimmungsbarometer: Die blauen Karten

Im Zusammenhang mit der Klassenlektüre hat sich unter den Mitschülern ein gewisser **Unmut aufgestaut**, der sich schließlich in Kevins rotziger Attacke entlädt und diesem den Respekt seiner Mitschüler sichert. Lehrer sind von Zeit zu Zeit damit überfordert, solche unterschwelligen Äußerungen von Unzufriedenheit und Verweigerung jeweils mit der gebotenen Sensibilität wahrzunehmen. Nicht jedes Stirnrunzeln bedeutet bereits Kritik, nicht jeder misstrauische Blick signalisiert schon Widerspruch.

Andererseits muss den Schülern eine verlässliche Form angeboten werden, damit sie ihre **Bedenken artikulieren** und ihren Unmut loswerden können. Mit den „blauen Karten" steht ihnen eine solche Möglichkeit offen.

Dazu wird jedem Schüler zu Beginn des Schuljahres eine blaue Karte ausgehändigt – groß genug, um im Klassenverband wahrgenommen zu werden, und klein genug, um in einem Federmäppchen Platz zu finden. Laminieren Sie die blauen Karten am besten, bevor Sie sie austeilen; das sorgt dafür, dass diese den Beanspruchungen eines ganzen Schuljahres standhalten. Die Schüler müssen wissen, dass sie die Karten in jeder Stunde dabeihaben sollen und dass sie die einzige Möglichkeit sind, um ihren Unmut loszuwerden.

Immer wenn ein Schüler **Diskussionsbedarf** sieht, zeigt er dem Lehrer die blaue Karte. Entscheiden sich mindestens fünf Schüler für diesen Schritt, muss der Unterricht unterbrochen werden. Die Schüler haben dann Gelegenheit, ihre Einsprüche zu artikulieren und darüber mit dem Lehrer und mit dem Rest der Klasse zu diskutieren.

Auf dieses **Mittel der Meinungsäußerung** können die Schüler z. B. zurückgreifen, wenn …

- sie sich vom Tempo des Unterrichts oder vom Schwierigkeitsgrad einer Aufgabe überfordert fühlen.
  Die Schüler greifen zu den blauen Karten, wenn sie den Erklärungen des Lehrers im Mathematikunterricht nicht mehr folgen können und das in letzter Zeit immer häufiger der Fall ist.
- sie Anspruch auf eine Unterbrechung oder Auszeit haben.
  So signalisieren die Schüler mit den blauen Karten, dass sie nach der vorangegangenen Klassenarbeit nicht unmittelbar mit dem Unterricht fortfahren können.

- sie an der Äußerung des Lehrers oder an der eines Mitschülers Anstoß nehmen.
  Die blauen Karten kommen zum Einsatz, wenn ein Schüler mit scheinbar witzigen Bemerkungen auf sich aufmerksam macht und sich dabei doch nur sexistischer Klischees bedient.
- ein Mitschüler lächerlich gemacht, bloßgestellt oder beleidigt wurde.
  Auf diese Weise schreiten die Mitschüler ein, wenn in den Lehrervortrag immer wieder Anspielungen auf die Körpergröße oder auf das Gewicht eines Mitschülers eingestreut werden.
- sie eine erzieherische Maßnahme des Lehrers als unangemessen oder als ungerecht empfinden.
  Die blauen Karten kommen hier zum Einsatz, wenn eine Mitschülerin in den Trainingsraum soll, nur weil sie den Unterricht durch Gespräche mit ihrer Banknachbarin gestört hat.
- im Unterricht gegen eine an der Schule geltende Regel verstoßen wurde.
  So weisen die Schüler mit den blauen Karten darauf hin, dass an Tagen mit Nachmittagsunterricht keine Hausaufgaben aufgegeben werden dürfen.

Viele Lehrer haben Vorbehalte bei der Einführung eines solchen Kartensystems. Sie wittern darin eine Einladung zu deren **Missbrauch**. Sie unterstellen den Schülern, dass es ihnen bei der Anwendung eher um eine Unterbrechung des oft langweiligen Fachunterrichts gehe als um einen ernsthaften Diskurs über einzelne Maßnahmen und Äußerungen.

Dabei zeigt die **Erfahrung**: Es sind oft die besonders engagierten Schüler, die sich der blauen Karten bedienen und sich so in das Unterrichtsgeschehen einbringen. Sie wissen, dass es nicht damit getan ist, ein laminiertes Stück Papier in die Höhe zu halten, sondern dass von ihnen eine substanzielle Begründung für deren Einsatz erwartet wird. Wer nur darauf aus ist, den Unterricht zu stören, wird sich dieser Mühe auf Dauer wohl kaum unterziehen.

Wenn sich die Praxis der blauen Karten erst einmal eingebürgert hat, funktioniert sie wie ein **Frühwarnsystem**: Hier erfahren Sie als Lehrer, was die Schüler an Ihrem Unterricht stört oder wo sie vielleicht mit Ihrem Verhalten unzufrieden sind. Und das, bevor es beim nächsten Elternabend zur Generalabrechnung kommt oder bevor sich die ersten Schüler bei der Schulleitung beschweren. Die blauen Karten helfen Ihnen dabei, einen Konflikt zu entschärfen, bevor daraus ein handfester Krach geworden ist.[1]

Angewandte Museumspädagogik

Nachdem die letzte Klassenarbeit in Englisch überstanden ist, will Kathrin Graumann sich und ihre Schüler mit einem Ausflug ins Museum belohnen. Sie hat eine Führung durch das örtliche Schulmuseum gebucht und will ihrer Klasse so vermitteln, wie die Schüler in früheren Zeiten „geknechtet" wurden. Vielleicht würde ihr diese Erfahrung helfen, mit dem eigenen Schulstress etwas abgeklärter umzugehen.

Tatsächlich versteht es der smarte Führer, den Schülern den ganzen Unsinn der schwarzen Pädagogik sinnfällig vor Augen zu führen und sie die Trostlosigkeit der alten Paukschule sehen, hören und fühlen zu lassen. „Ihr werdet euch das gar nicht vorstellen können", erklärt der junge Historiker, „aber damals thronte der Lehrer regelrecht auf seinem Pult. Natürlich herrschte das Prinzip des Frontalunterrichts vor: Der Lehrer führte das große Wort – und die Schüler hatten gefälligst zu schweigen." Mit einem vorsichtigen Seitenblick auf die Englischlehrerin ergänzt er dann: „Kein Vergleich zu dem Unterricht, wie ihr ihn heute erlebt." Der sich gerne etwas provokativ gebärende Nick sieht das allerdings ganz anders: „Von wegen! Bei uns in Englisch ist das doch auch so, dass wir dauernd von der Lehrerin zugetextet werden. Ist doch wahr, oder?"

Das hat gesessen! Und der Museumspädagoge beeilt sich, die sprachlose Peinlichkeit dieser Szene durch den Wechsel in eine andere Abteilung möglichst geräuschlos zu beenden.

Nicks Verhalten ist nicht fair, denn Schüler wie Lehrer wissen, dass jede **Kritik** erst einmal **klassenintern** geäußert werden sollte. Außenstehende mit solchen Vorhaltungen zu behelligen, widerspricht nicht nur dem stillschweigenden Kodex jeder **Schüler-Lehrer-Kommunikation**, sondern auch den Standards eines **respektvollen Umgangs**. Nick hätte wissen müssen, dass Frau Graumann in dieser Situation gar nicht anders kann, als diese Provokation auf sich beruhen zu lassen:

- Hätte sie Nick widersprochen, hätten sich die Lehrerin und ihr Schüler vor dem Museumspädagogen einen unschönen Schaukampf geliefert, der obendrein wohl noch mit einem Patt geendet hätte. Schließlich ist es eine Sache der individuellen Wahrnehmung, wer sich von wem im Unterricht „zugetextet" fühlt.
- Hätte Frau Graumann aber die anderen Schüler der Klasse einbezogen und sie z. B. nach der Lehrerlastigkeit des Englischunterrichts befragt,

hätte sie einen Solidarisierungseffekt riskiert. Schließlich wird sich niemand nachsagen lassen wollen, einem Mitschüler in dieser heiklen Situation in den Rücken gefallen zu sein. Damit stünde Aussage gegen Aussage.

Den Konflikt mit Nick an Ort und Stelle auszutragen, hätte deshalb nur das Gegenteil von dem bewirkt, was sie eigentlich erreichen will, ihm nämlich sein Fehlverhalten vor Augen zu führen.

Spätestens in der nächsten Stunde sollte die Englischlehrerin aber klarstellen, dass sie das **Verhältnis zu ihren Schülern** durch solche Provokationen ernsthaft **belastet** sieht:

„Im Zusammenhang mit unserem Besuch im Schulmuseum hat mir ein Schüler dieser Klasse vorgeworfen, euch in meinen Stunden nur „zuzutexten", statt euch angemessen zu Wort kommen zu lassen. Ich habe überhaupt nichts dagegen, dass ihr meinen Unterrichtsstil kritisiert. Aber ich habe sehr viel dagegen, dass dies vor Dritten geschieht – und noch dazu in einer Situation, in der ich mich auf diese Kritik nicht einlassen kann. Dann wird Kritik nämlich sehr schnell zur Denunziation."

Noch deutlicher sollte Frau Graumann werden, wenn sie ihren Unterricht von den Schülern regelmäßig evaluieren lässt und ihr dabei bisher noch nie vorgehalten wurde, das gesamte Unterrichtsgeschehen dominieren zu wollen:

„Wie ihr wisst, bitte ich euch regelmäßig um ein Feedback. Eine solche Rückmeldung ist mir sehr wichtig, weil sie mir hilft, meinen Unterricht weiterzuentwickeln und in einzelnen Punkten zu verbessern. Noch nie wurde mir in diesem Zusammenhang vorgeworfen, das Gespräch an mich zu ziehen und euch nicht wirklich zu beteiligen. Jetzt musste ich mir von euch bei unpassender Gelegenheit und am falschen Ort anhören, dass ihr euch mehr Schülerbeteiligung wünscht. Wenn dem so wäre, dann hättet ihr mir das schon längst in einer Feedback-Stunde sagen können. Wozu sind solche Stunden sonst da?"

So könnten die Schüler lernen, dass jede **Kritik ihren Ort und ihre Zeit** haben sollte und dass man sich ihrer nicht wie einer Waffe bedienen darf, die sich nach Belieben einsetzen lässt.

Um die Schüler nun auch praktisch in die Pflicht zu nehmen, bietet es sich darüber hinaus an, ihnen einen Teil der Verantwortung für den Unterricht zu übertragen. Dabei könnte Ihnen der ➜ **Interventionskoffer** helfen.

Damit der Lehrer nicht zum Alleinunterhalter wird: Der Interventionskoffer

„Wenn alles schläft und einer spricht
so nennt man dieses Unterricht."

Dieser holprige Vers greift ein Vorurteil auf, das vielleicht nicht mehr ganz gerecht, aber immer noch populär ist: Der Unterricht erscheint als eine Inszenierung **pädagogischer Alleinunterhalter**, die sich in ihrem Solovortrag nicht von irgendwelchen Schüleräußerungen unterbrechen lassen wollen. Es mag sein, dass das bei manchen Kollegen immer noch geltende Praxis ist. Dabei berufen sich diese Kollegen sogar darauf, dass es vielen Schülern ganz recht ist, wenn sie im Unterricht in Ruhe gelassen werden und sich nicht mit irgendwelchen Geistesblitzen profilieren müssen.

Andererseits hat die Unterrichtforschung nachgewiesen, dass mit dem Anteil der Schüleräußerungen auch die **Effizienz des schulischen Lernens** steigt. Es müsste also im Interesse beider Seiten sein, wenn sich die Schüler nicht länger von einem scheinbar allwissenden Lehrer belehren lassen und sich stattdessen aktiv in das Unterrichtsgespräch einbringen. Mit dem Interventionskoffer lässt sich diese Form der **Schülerbeteiligung** institutionalisieren.

Dazu stellen Sie einen Koffer/eine Kiste zusammen, der/die zahlreiche **Interventionsmethoden** und die dafür jeweils **benötigten Materialien** enthält. Ein solcher Koffer oder eine Kiste ist in jedem Baumarkt für wenig Geld zu haben; und auch bei den Materialien müssen Sie nicht mit größeren Anschaffungen rechnen. Alle Interventionsmethoden bieten den Schülern die Möglichkeit, sich in das Unterrichtsgeschehen einzuschalten und die Dominanz des Lehrervortrags aufzubrechen.

Die Schüler finden darin z. B. **Anregungen**, wie sie …

- sich an der inhaltlichen Vorbereitung der Stunde beteiligen können.
  Sie könnten auf farbigen Karten alle Fachbegriffe festhalten, die im Verlauf der Stunde vorkommen dürften. Fällt ein solcher Begriff tatsächlich, wird die entsprechende Karte auf die Pinnwand geheftet. (Material: Methodenbeschreibung – am besten als laminierte Karte – farbige Karteikarten DIN A4, Liste mit Themen und Texten der nächsten Stunde)
- die Vorkenntnisse ihrer Mitschüler zum Thema der Stunde abfragen können.
  Sie können Fragen vorbereiten, die mit einem „Ja" oder „Nein" zu beantworten sind. Die Mitschüler zeigen dann jeweils eine rote oder eine grüne Karte, wenn sie als Antwort der Frage zustimmen oder wenn sie diese

ablehnen. (Material: Methodenbeschreibung, rote und grüne Karten in Klassenstärke, Liste mit Themen der nächsten Stunde)

- das Unterrichtsgeschehen protokollieren können.
  Sie können in Form eines Verlaufsdiagramms veranschaulichen, wie sich das Lärmaufkommen während der Stunde entwickelt. Kurz vor Stundenschluss wird ein solches Lärmprotokoll dann auf den Tageslichtprojektor gelegt. (Material: Methodenbeschreibung)

- den Unterricht von ihren Mitschülern bewerten lassen können.
  Sie können gegen Ende des Unterrichts in Form eines „Blitzlichts" abfragen, was der Klasse diese Stunde gebracht hat. Dazu werfen sie einem Mitschüler einen Softball zu. Wenn dieser ihn fängt, muss er einen entsprechenden Satzanfang vervollständigen. (Material: Methodenbeschreibung, Softball o.Ä., Karte mit möglichen Satzanfängen, wie „Ich habe in dieser Stunde gelernt, ...", „Ich habe heute erfahren, ...", „Nicht gefallen hat mir, ...")

In einer ausgelosten Reihenfolge wird der Interventionskoffer von Schüler zu Schüler weitergereicht. Wer ihn mit nach Hause nimmt, muss sich mit einem **eigenen Beitrag** in der nächsten Unterrichtsstunde einbringen. Er entscheidet sich dazu für eine Methode, stellt geeignete Materialien zusammen, trifft die notwendigen Vorbereitungen und wird somit zum „**Stundenwächter**". In dieser Funktion hat er dafür zu sorgen, dass sich der Unterricht nicht in einem mehr oder minder monotonen Solovortrag erschöpft, sondern dass hier auch die Schüler angemessen zu Wort kommen.

Wenn mit einer bestimmten **Interventionsmethode** schon einmal gearbeitet wurde, darf diese (vorerst) kein zweites Mal eingesetzt werden. So sind Spannung und Abwechslung garantiert. Selbstverständlich steht es dem Stundenwächter frei, sich auch selbst eine Interventionsmethode auszudenken, um sich nicht nur auf den Einfallsreichtum des Lehrers zu verlassen.

In jedem Fall kann der Interventionskoffer dazu beitragen, dass sich kein Schüler durch einen langen Lehrervortrag an den Rand gedrängt fühlen muss – auch Nick nicht.[2]

Unterricht ohne Happy End

Dass eine Unterrichtsstunde 45 Minuten dauert, daran möchte Matthias Heller schon lange nicht mehr glauben. Er weiß, dass die Lehrkräfte ihre Zeit brauchen, um von Zimmer zu Zimmer zu wechseln. Und er weiß auch, dass seine Schüler die kleinen Umbaupausen zu schätzen wissen, die jeden Stundenwechsel begleiten. Deshalb hat sich Herr Heller längst damit abgefunden, dass der Unterricht nur mit einer beträchtlichen Verspätung beginnen kann und er hat diese institutionalisierte Form der Regelverletzung zu akzeptieren gelernt. Allerdings muss sich der Geografielehrer immer wieder darüber ärgern, dass ihm seine Großzügigkeit von den Schülern nicht gedankt wird. Sie haben zwar kein Problem damit, den Unterricht mit erheblicher Verspätung beginnen zu lassen. Aber sie geizen um jede Minute, wenn es darum geht, die Stunde zu Ende zu bringen.

So kann und will er sich nicht damit abfinden, wie seine Klasse den Unterricht beendet. Die Schüler nämlich haben ihre Hefte, Bücher und Atlanten schon längst in den Taschen verstaut, bevor der Gong das Ende der Stunde ankündigt. Und was immer er seiner Klasse auch mitzuteilen hat – es geht im anschwellenden Lärm einer allgemeinen Aufbruchsstimmung unter. So auch wieder an einem Mittwoch in der letzten Stunde: Da möchte Herr Heller noch eine wichtige Information loswerden. Aber er schafft es nicht einmal, den begonnenen Satz zu Ende zu führen. Die Schüler sind bereits von ihren Plätzen aufgesprungen und haben das Klassenzimmer in Windeseile geräumt. „Sorry, Herr Heller", bekommt der überraschte Lehrer noch vom Klassensprecher zu hören. „Aber da war der Gong einfach schneller." Und schon ist die Tür des Klassenzimmers hinter ihm ins Schloss gefallen.

Wie soll man mit einem **Konflikt** umgehen, der von den Schülern **nicht als ein solcher erlebt** wird? Sie werden sich schließlich kaum Gedanken machen, wie es dem zurückgelassenen Lehrer in dieser Situation geht. In ihrer Wahrnehmung hat die Klasse ja nichts Verbotenes getan, sondern lediglich ein ihr zustehendes Recht in Anspruch genommen. Deshalb hätte der Geografie-Lehrer bereits zu Beginn des Schuljahres klarstellen müssen:

> *„Wann der Unterricht beginnt und wann wir ihn beenden – dafür bin ganz alleine ich als Lehrer verantwortlich. Der Schulgong soll uns nur daran erinnern, dass es Zeit für einen Stundenwechsel wäre."*

Und um keine Missverständnisse aufkommen zu lassen, hätte Herr Heller hinzufügen sollen:

> *„Ich erwarte, dass ihr zu Beginn des Unterrichts euren Arbeitsplatz unaufgefordert umräumt: Die Hinterlassenschaften der vorausgegangenen Stunde haben in euren Taschen zu verschwinden. Denn ich will auf den Tischen nur die Bücher und Hefte sehen, die ihr für meinen Unterricht benötigt. Und eure Taschen packt ihr erst dann, wenn ich das Zeichen zur Beendigung der Stunde gegeben habe."*

Solche eigentlich ganz **selbstverständlichen Rituale** lassen sich nur dann durchsetzen, wenn sie von allen Kollegen eingefordert werden. Dafür sollte eine möglichst verbindliche Form gefunden werden. So könnte Matthias Heller seine Kollegen dafür gewinnen, dass der folgende Passus in die **Hausordnung der Schule** aufgenommen wird:

> Die Unterrichtsstunde wird jeweils von der verantwortlichen Lehrkraft eröffnet und beendet. Der Schulgong hat dabei nur eine orientierende Funktion.

Oft kommen solche Einsichten aber zu spät: Niemand möchte sich in der allgemeinen Aufbruchsstimmung zu Beginn des Schuljahres als Bedenkenträger zu erkennen geben. Deshalb werden oft eher hehre Vorsätze gefasst als klare Regelungen festgesetzt.

Natürlich kann Herr Heller seine Schüler immer noch an diese grundsätzliche Regel erinnern. Wenn sich solche Unsitten aber erst einmal eingeschliffen haben, wird er sich schwer damit tun, diese den Schülern wieder auszutreiben. Hier könnte ihm eine **Statistik** helfen, mit der er die Schüler überrascht: Er könnte einfach Buch darüber führen, mit welcher Verspätung der Unterricht in seinen Klassen startet und um wie viel Zeit er seine Stunden im Durchschnitt überzieht. Das Ergebnis wird nur bestätigen, was eigentlich schon alle ahnen: Was er seinen Schülern an Überziehungszeiten zumutet, steht in keiner Relation zu den Verspätungen, die diese für sich in Anspruch nehmen.

Auf dieser Basis könnte er mit den Schülern dann noch einmal klären, dass es der Lehrer ist, der die Stunde eröffnet und auch beendet. Denn auch die Schüler werden zugeben müssen, dass er nur einfordert, was ihm eigentlich ganz selbstverständlich zusteht. Und sie werden ihm diesen Anspruch nicht länger streitig machen. Um die Stunde dann aber doch nicht unnötig zu überziehen, könnte als **Kompromiss** das Amt des → **Zeitwächters** eingeführt werden.

Damit die Stunde nicht aus dem Ruder läuft: Der Zeitwächter

Ganz egal, ob in Ihren Stunden der Lehrervortrag überwiegt oder ob Sie offene Unterrichtsformen bevorzugen: Immer wieder sind Sie in der Gefahr, das Ihnen zustehende Zeitbudget aus den Augen zu verlieren. Dann werden Sie sich dem **Diktat des Schulgongs** beugen müssen, auch wenn noch so viel zu sagen oder zu tun wäre.

In der Erwachsenenbildung hat man eine Lösung gefunden, wie sich solche Engpässe vermeiden lassen: Hier wird jeweils ein Teilnehmer damit beauftragt, die Einhaltung des vereinbarten Zeitrahmens zu überwachen. Ein solcher **Zeitwächter** könnte auch in Ihrem Klassenzimmer tätig werden: Dazu wird jeweils einem Schüler für die Dauer einer Woche dieses **Amt** übertragen. Er muss Sie fünf Minuten vor Stundenende daran erinnern, dass Sie zur Stellung der Hausaufgabe überleiten und noch einige organisatorische Details regeln sollten. Die Funktion eines solchen Zeitwächters könnte in der Klassensatzung festgehalten werden:

> In alphabetischer Reihenfolge übernimmt jeweils ein Schüler für eine Woche die Aufgabe eines Zeitwächters. Der Zeitwächter hat die Lehrkräfte auf das bevorstehende Ende einer Unterrichtsstunde aufmerksam zu machen. So kann er dazu beitragen, dass die Stunde ohne Zeitdruck zu Ende gebracht werden kann.

Schon nach kurzer Zeit wird für Ihre Schüler die Tätigkeit eines Zeitwächters genauso selbstverständlich sein wie die Aufgaben des Tafeldienstes oder des Klassenbuchführers. Schließlich ist diese Funktion auch ausbaufähig: Aus dem Zeitwächter würde dann ein **Stundenwächter**, von dem Sie während der gesamten Unterrichtsstunde organisatorische und technische Unterstützung bekommen. Auch dieses Amt wird turnusmäßig vergeben und ist auf die Dauer einer Woche begrenzt. Der Stundenwächter ist damit so etwas wie Ihr Unterrichtsassistent. Er hat dafür zu sorgen, dass …

- die Tische und Stühle so aufgestellt sind, wie es Ihren Unterrichtsplanungen entspricht.
- die technischen Geräte an Ort und Stelle stehen und auch wirklich einsatzfähig sind.

- die Verteilung der Schulbücher, Arbeitsblätter und Unterrichtsmaterialien geregelt ist.
- Sie an das bevorstehende Ende Ihrer Stunde erinnert werden.
- die Klasse das Zimmer in einem zivilisierten Zustand verlässt.

Er hat Sie aber auch darauf hinzuweisen, dass ...

- die Schüler eine Arbeit geschrieben haben und entsprechend ausgepowert sind.
- die Klasse durch einen Konflikt belastet ist und sich die Schüler nicht richtig konzentrieren können.
- die Schüler mit Ihren Erläuterungen nicht viel anfangen können und Sie den Stoff deshalb noch einmal erklären sollten.
- die Klasse nicht verstanden hat, wie die Stellung der Hausaufgabe gemeint war.

So sorgt der Stundenwächter dafür, dass Sie sich nicht länger mit den Tücken der Logistik herumschlagen müssen und sich ganz auf Ihren **Unterricht konzentrieren** können.

Jede Unterrichtsstunde ist eine pädagogische und organisatorische Kraftprobe. Durch die Einführung eines Stundenwächters können Sie sich dieser Doppelbelastung entziehen. Die Schüler aber lernen, sich für den Ablauf des Unterrichts mitverantwortlich zu fühlen. [3]

Das starke Geschlecht

Michael Völker hat während seines Referendariats gelernt: Schüler lernen eher über positive als über negative Beispiele. Auch im Unterricht scheint das Prinzip des Vorbilds besser zu funktionieren als das der Abschreckung. Deshalb hat es sich Michael Völker zur Angewohnheit gemacht, vor der Herausgabe der Übungsaufsätze die besten Arbeiten vorzulesen. Und deshalb findet er nichts dabei, besonders liebevoll geführte Deutschhefte zur Nachahmung durch die Reihen wandern zu lassen.

Auch als er die Portfoliomappen seiner Schüler durchgesehen hat, will er die Klasse mit solchen Best-Practice-Beispielen von einer sorgfältigen und engagierten Arbeitshaltung überzeugen. Er stellt den Schülern deshalb die beiden Mappen vor, mit denen sich Ronja und Marie so viel Mühe gegeben haben: Die beiden haben sich besonders kreative Texte einfallen lassen, außergewöhnlich aussagekräftige Materialien zusammengetragen und das alles in eine ästhetisch ansprechende Form gebracht. Ronja und Marie heben sich damit deutlich von anderen Schülern ab, die sich offensichtlich erst am letzten Abend an die Arbeit gemacht haben und bei denen es nur zu einer lieblosen Auswahl abgekupferter Texte und zufällig zusammengestellter Materialien gelangt hat. Gerade deswegen stellen einige Jungen die Objektivität des Deutschlehrers in Frage. „Das ist ja wieder einmal typisch", befindet Frederik aus der ersten Bank. Und sein Nachbar Hürol ergänzt: „Dass Sie wieder einmal die Mädchen loben. Das geht bei Ihnen schon die ganze Zeit so. Da sind Sie voll parteilich."

Michael Völker trifft dieser Vorwurf hart. Denn er ist aufrichtig darum bemüht ein **gerechter Lehrer** zu sein und sich nicht von irgendwelchen Vorurteilen leiten zu lassen.

Er weiß aber auch, dass es andere Kollegen mit der **geforderten Objektivität** nicht ganz so genau nehmen. So hätte eine Kollegin den beiden Jungen wahrscheinlich geantwortet:

> *„Vollkommene Gerechtigkeit gibt es nirgendwo auf der Welt – und im Klassenzimmer sowieso nicht. Der Deutschlehrer müsste erst noch geklont werden, der bei der Bewertung und Benotung von Schülerarbeiten wirklich ganz objektiv wäre. Weil ihr im Verlauf eurer Schullaufbahn noch vielen anderen Lehrkräften begegnen werdet, ergibt sich unter dem Strich dann doch ein ausgewogenes Urteil. Dadurch lässt sich meine angebliche Einseitigkeit leichter aushalten."*

Diese nassforsche Replik der Kollegin ist durch die Ergebnisse wissenschaftlicher Studien gedeckt. So gilt längst als gesichert, dass die Beurteilung von Schülerarbeiten oft weit auseinander driften.

Ganz anders ein weiterer Kollege: Der smarte Enddreißiger gilt in Schülerkreisen als ein Lehrer, der sich um einen demokratischen Unterrichtsstil bemüht. Wahrscheinlich hätte er die Vorhaltungen der beiden Jungen an die Klasse zurück gegeben:

> *„Ihr habt gehört, was mir Frederik und Hürol vorgeworfen haben. Ich nehme diese Kritik sehr ernst. Was aber glaubt ihr: Habe ich Ronja und Marie nur deshalb so gelobt, weil es sich um zwei Mädchen handelt? Und wie steht ihr zu dem Vorwurf, die Mädchen würden generell bevorzugt?"*

Diese Reaktion klingt auf den ersten Blick sehr demokratisch. Dabei setzt der Kollege hier lediglich auf einen Solidarisierungseffekt zugunsten der beiden Mädchen.

Ein weiterer Kollege dagegen, der lange Zeit in der Wirtschaft gearbeitet hat, hätte sich dem Vorwurf mangelnder Objektivität wahrscheinlich von vornherein entzogen:

> *„Ich hatte euch gebeten, eure Portfolios nicht namentlich zu zeichnen, sondern euch dafür einen Codenamen auszudenken. Denn bei meiner Korrektur der Arbeiten sollte es möglichst objektiv zugehen. Zwei Mappen haben mir besonders gefallen. Und ich bin jetzt genauso gespannt wir ihr, wer sich hinter den beiden Codenamen verbirgt. Twilight und Lady Gaga – bitte erhebt euch von euren Plätzen."*

Michael Völker hält die die Praxis anonym verfasster Schülerarbeiten für eine interessante Alternative. Dafür aber ist es jetzt zu spät. Er konfrontiert die Klasse deshalb mit einem unkonventionellen **Angebot**:

> *„Ihr seid also der Meinung, dass bei mir die Jungen benachteiligt und die Mädchen bevorzugt werden. Das würde ich gerne einmal genauer wissen. Deshalb verlassen die Mädchen jetzt bitte den Raum (ihr könnt euch im leeren Klassenzimmer nebenan aufhalten). Ich möchte von den Jungen hören, wie sich diese Benachteiligung im Einzelnen bemerkbar macht. Und dazu bleiben wir lieber unter uns."*

Offensichtlich hat der Deutschlehrer spontan erkannt, dass sich hinter der unbedachten Äußerung viele **Enttäuschungen und Verletzungen** verbergen. Schließlich sind nicht nur Frederik und Hürol davon überzeugt, die Schule orientiere sich eher an den Bedürfnissen und Fähigkeiten der Mädchen als am Verhaltensrepertoire der Jungen. Und darüber muss gesprochen werden, z. B. in einer **→ Jungenkonferenz.**

Off limits für Mädchen: Die Jungenkonferenz

Wären Sie an der Stelle von Herrn Völker, könnten Sie Frederik, Hürol und ihren Mitschülern mit einem Gesprächsangebot helfen. Dazu bedarf es eines **geschützten Raums**, in dem die Jungen unter sich bleiben und in dem sie einer argwöhnischen Musterung durch die Mädchen ihrer Klasse entzogen sind.
Die Jungenkonferenz versteht sich als ein solches **Gesprächsangebot**. Hier kann sich jeder so nachdenklich, fürsorglich und verletzlich zeigen wie er wirklich ist. Und auch wenn die eine oder andere Träne verdrückt wird, werden solche emotionalen Erschütterungen nicht nach außen getragen; darauf können sich die Teilnehmer einer Jungenkonferenz immer verlassen.

Für die **Akzeptanz** der Jungenkonferenz ist es wichtig, dass …

- ein solches Gesprächsforum regelmäßig stattfindet.
- sich die Teilnehmer dazu in einen besonderen Raum zurückziehen.
- sie vom Klassenlehrer oder seinem Stellvertreter geleitet wird.
- das Treffen nach einem verbindlichen Ritual abläuft.
- jede Sitzung unter einem vorher vereinbarten Thema steht.

Dabei sind alle **Themen** zugelassen, die den Jungen auf den Nägeln brennen: Sie können hier über ihre Probleme mit dem Erwachsenwerden oder über ihre Konflikte im Elternhaus sprechen, sich über ihr Versagen in der Schule oder über ihre Erfahrungen mit Gewalt austauschen. Sie können darüber hinaus ihr Rollenverständnis oder ihr Verhältnis zu den Mitschülerinnen zum Thema machen.

Auch die vermeintliche Bevorzugung der Mädchen durch Herrn Völker als Deutschlehrer könnte im Rahmen einer Jungenkonferenz aufgearbeitet werden. Dabei wäre folgender **Verlauf** denkbar:

Vorstellung des Konferenzthemas	Der Lehrer erläutert, dass es in seinem Unterricht wiederholt Klagen über die angebliche Bevorzugung der Mädchen gegeben hat. Er nennt dafür Beispiele, wie sie von den Jungen der Klasse vorgetragen wurden.
Übung zur Auflockerung	Die Jungen massieren sich gegenseitig Schulter und Rücken – sozusagen als ein Wohlfühlangebot zu Konferenzbeginn. Dann wird gewechselt.

offene Aussprache zum Konferenzthema	Die Jungen berichten davon, dass die Mädchen besser bewertet werden – und dass ihnen die Lehrkräfte vieles durchgehen lassen, weswegen sich die Jungen eine Strafe einhandeln würden.
praktische Übung zum Thema	Die Teilnehmer notieren auf Kärtchen, was Jungen und Mädchen im Unterricht so zu hören bekommen. Diese Zitate werden dann vorgelesen und nach Geschlechtern sortiert.
Diskussion	Lehrer und Schüler formulieren Erwartungen und Lösungsvorschläge, wie mit dem Problem in Zukunft umgegangen werden soll.
Abschlussrunde	Ein Softball wird im Kreis hin- und hergeworfen. Wer ihn fängt, muss einen Satzanfang („Bevorzugung bedeutet für mich, dass …") zu Ende führen.

Ähnlich könnten Jungenkonferenzen auch in Ihrer Klasse zu ganz unterschiedlichen Themen ablaufen und genderspezifische Probleme aufgreifen. Die **Atmosphäre in der Klasse** entspannt sich danach häufig spürbar.

Im Idealfall wird die **Klassenleitung** an Ihrer Schule einem „gemischten Doppel" übertragen: Dem Klassenlehrer wird dann eine weibliche Lehrkraft als seine Stellvertreterin zur Seite gestellt – oder umgekehrt. In diesem Fall kann parallel zur Jungen- auch eine **Mädchenkonferenz** stattfinden. Denn auch die Mädchen haben das Recht, einmal ganz unter sich zu bleiben und sich mit ihren Ansichten und Gefühlsbekundungen nicht den Jungen ihrer Klasse offenbaren zu müssen. Koedukation kann nur gelingen, wenn sie eine solche Trennung auf Zeit mit einschließt.[4]

Homo ludens

Das Fach Geografie hat in Schülerkreisen keinen leichten Stand: Vielen erscheinen die hier vermittelten Inhalte entbehrlich. Denn sie können sich nicht vorstellen, dass ihnen diese später einmal weiterhelfen. Auch gilt der geografische Methodenkosmos weder als besonders spannend noch als sonderlich unterhaltsam. So haben die Schüler keinen großen Spaß daran, in den Geografiestunden Karten auszuwerten, Tabellen zu interpretieren oder Satellitenbilder zu vergleichen. Als Geografielehrer ist Herr Urbanek immer wieder mit den Legitimationsproblemen seines Fachs konfrontiert. Aber der rührige und noch unverbrauchte Kollege steuert dagegen: Er entwickelt immer neue Spiele, um seine Schüler für das ungeliebte Fach zu motivieren.

Damit sich die Schüler seiner 7. Klasse die Hauptstädte der Europäischen Union leichter einprägen können, überrascht er diese mit einem Klassiker unter den Lernspielen: einem Memory®. Dabei müssen die Schüler jeweils ein Land und die dazugehörige Hauptstadt aufdecken und sich die Lage beider Karten möglichst gut merken. Harry Urbanek hat in die Vorbereitung viel Arbeit investiert: Er hat zahlreiche Kärtchen in unterschiedlichen Farben ausgedruckt und diese anschließend laminiert. Schließlich wollen alle Gruppen der Klasse mit einer ausreichend großen Zahl von Kärtchen versorgt sein. Als die Schüler gegen Ende der Stunde ihre Karten zum Pult zurückbringen, bekommt Herr Urbanek von dem zuweilen etwas altklugen Maximilian zu hören: „Wie ist das eigentlich in Ihrem Unterricht: Spielen wir da nur – oder lernen wir auch mal was?" Da verschlägt es dem engagierten Lehrer doch erst einmal die Sprache.

Harry Urbanek ist zwar noch ein pädagogischer Frischling. Aber er weiß doch, dass er jetzt nicht den Beleidigten geben darf. Und er weiß auch, dass ihn sein spontaner Frust jetzt nicht zu Rache oder Vergeltung berechtigt:

„Ich höre gerade, dass euch solche Spiele zu kindisch vorkommen. Bitteschön: Dann müsst ihr die 27 Länder mit ihren Hauptstädten eben zu Hause pauken. Und in der nächsten Stunde gibt es dazu eine Abfrage. Da könnt ihr euch ganz sicher sein."

Der Geografielehrer ist erfahren genug, um stattdessen der reichlich schnöselhaften Provokation **ernsthaft entgegenzutreten**. Denn Maximilian spricht ja nur aus, was manche Kollegen und viele Eltern ähnlich sehen. Er könnte daher Maximilian antworten:

> *„Spielen und Lernen sind keine Gegensätze. Im Gegenteil: Vieles lernt sich leichter, wenn es mit Spannung, Überraschung und Wettbewerb verbunden ist. Und gerade das macht den Reiz des Spielens aus. Das Pauken allein dagegen ermüdet und stumpft ab. Wo aber keine Motivation ist – da bleibt auch nicht viel hängen."*

Gerade erfahrene Lehrkräfte wissen, dass das **Urteil der Schüler** oft sehr zwiespältig ausfällt: Einerseits klagen sie interessante Themen und abwechslungsreiche Methoden ein. Andererseits soll der Lehrplan so zuverlässig umgesetzt werden, dass sie vor der nächsten Prüfung keine Angst haben müssen. Auch darauf hätte Herr Urbanek einen Schüler wie Maximilian hinweisen können:

> *„Im Rahmen der letzten Feedback-Stunde habt ihr euch darüber beklagt, dass es in meinem Unterricht oft sehr eintönig zugeht und dass deshalb immer wieder Langeweile aufkommt. Wir haben deshalb beschlossen, dass ich mich in Zukunft verstärkt nach neuen Methoden umschauen werde – so abwechslungsreich und so lebendig wie möglich. Mit diesem Memory® habe ich deshalb nur geliefert, wozu ihr mich aufgefordert habt."*

Noch besser wäre Harry Urbanek freilich beraten, wenn er solche innovativen Methoden jeweils von den Schülern seiner Klasse **evaluieren** ließe. So könnte er die Schüler um ein kurzes → **Spotlight** bitten, um sich der Akzeptanz dieses Lernspiels zu vergewissern. Vielleicht würde sich im Rahmen eines solchen Feedbacks zeigen, dass der allzu forsche Maximilian innerhalb der Klasse ziemlich isoliert ist.

Unkompliziert, ehrlich, spontan: Das Spotlight

Wenn ein einzelner Schüler den Lehrer provozieren möchte, muss es sich noch lange nicht um ein **aussagekräftiges Feedback** handeln. Dazu müssten Sie schon das Urteil der ganzen Klasse einholen. Eine solche Rückmeldung verlangt keine größeren organisatorischen Vorkehrungen; oft hilft hier schon ein spontan erhobenes Meinungsbild weiter.

Sie können die Schüler um eine **Rückmeldung** bitten, indem ...

- sich diese vor einer Wand des Klassenzimmers aufstellen. Jede Wand steht dabei für eine andere Bewertung der Stunde – von „klasse gelaufen" bis „ganz und gar überflüssig".
- alle Schüler einen Haftzettel erhalten, den sie dann auf den Kartenständer kleben – so hoch wie möglich, wenn ihnen die Stunde gefallen hat, und möglichst weit unten, wenn sie damit überhaupt nichts anfangen konnten.
- jeder Schüler seine Note für Planung und Verlauf der Stunde in einen Taschenrechner eingibt – und sich daraus dann die Durchschnittsnote der ganzen Klasse errechnet.
- Sie die Schüler in eine Tüte mit Bonbons greifen lassen und jeder so viel von der süßen Währung einstreicht wie es seinem ganz persönlichen Beitrag zum Gelingen der Stunde entspricht.

Auch beim **Spotlight** handelt es sich um eine solche niederschwellige Feedback-Methode. Dazu werfen Sie einem Schüler einen Softball zu, der anschließend innerhalb der Klasse hin- und hergeworfen wird. Wer den Ball fängt, muss sich zu seinem Eindruck vom Verlauf und vom Ergebnis der Stunde äußern.

Sie regen eine solche **Meinungsäußerung** an, indem Sie ...

- entweder eine Frage formulieren, die von den Schülern mit wenigen Worten beantwortet werden kann *(„Wie ist es mir gelungen, dein Interesse am Thema dieser Stunde zu wecken?).*
- oder einen Satzanfang vorgeben, der dann von den Schülern fortgesetzt werden muss *(„Von dieser Stunde wird mir in Erinnerung bleiben, dass ...").*

In beiden Fällen muss die Fragestellung bzw. der Satzanfang gewechselt werden, wenn den Schülern nichts Neues mehr einfällt. Am Schluss sollte jeder von ihnen wenigstens einmal zu Wort gekommen sein.

Schuldemokratie im Handyzeitalter

Für Frau Braatz hat die Demokratie im Klassenzimmer einen hohen Stellenwert. Die vielseitig engagierte Kollegin behandelt jeden Schüler als einen mündigen Partner, dem sie auf Augenhöhe begegnen möchte. Deshalb hat Christine Braatz in ihrem Unterricht zahlreiche Rituale eingeführt, in denen dieses Bemühen um Mitsprache und Teilhabe zum Ausdruck kommt. Ihr offenkundiges Bemühen um eine demokratische Unterrichtskultur ändert nichts daran, dass auch Frau Braatz administrative Auflagen zu befolgen hat und dass sie sich an kollegiale Vereinbarungen gebunden fühlt. So schreibt die Schulordnung vor, dass die Schüler ihre elektronischen Speichermedien zu deaktivieren haben und dass ihnen die Lehrkräfte diese andernfalls abnehmen müssen. Die Lehrerkonferenz der Schule hat das durch einen entsprechenden Beschluss noch einmal bekräftigt. Mehr noch: Der Beschluss regelt, dass die einkassierten Handys im Sekretariat aufzubewahren sind und nur den Eltern der Schüler ausgehändigt werden dürfen.

Als sich Lilianas Handy mit einem besonders schrillen Klingelton bemerkbar macht, muss Christine Braatz deshalb nicht lange überlegen: Sie kassiert das Handy ein, noch bevor es Liliana verstummen lassen kann, und lässt es in ihrer Tasche verschwinden. Da kann die Übeltäterin noch so demonstrativ in Tränen ausbrechen und die Unruhe in der Klasse durch einen emphatischen Ausbruch noch weiter anheizen: „Wenn man mir das Handy wegnimmt – das ist so, als würde man mir das Herz aus dem Leibe reißen!" Frau Braatz weiß, dass sie sich jetzt erst einmal den wütenden Protesten ihrer Schüler stellen muss. Während es die einen mit einem verzagten Bittgang versuchen („Können Sie nicht dieses eine Mal noch ein Auge zudrücken?"), stellen andere die Glaubwürdigkeit der Lehrerin grundsätzlich in Frage („Da sieht man ja, was hinter Ihrem ganzen demokratischen Getue in Wirklichkeit steckt!"). Da fühlt sich die Lehrerin ratlos und überfordert …

Eigentlich hat Frau Braatz in dieser Situation gar keine Wahl: Ihr sind die Hände gebunden und sie ist in ihrem **pädagogischen Handeln** nicht wirklich frei. Das sollte sie so auch den Schülern mitteilen:

> *„Wie ihr wisst, bin ich zu diesem Verhalten verpflichtet: Ihr alle kennt die Schulordnung. Und wie ihr ebenfalls wisst, ist das weitere Verfahren durch die Lehrerkonferenz eindeutig geregelt. Alles andere wäre Selbstjustiz, vielleicht sogar Anarchie. Dazu aber bin ich nicht bereit."*

Hier sollte die Lehrerin nicht zurückweichen – auch wenn sie dadurch eine Beeinträchtigung des Unterrichtsklimas riskiert. Allenfalls könnte sie hinzufügen:

„Der entsprechende Passus in der Schulordnung ist von der Schulkonferenz einstimmig abgesegnet worden – auch mit den Stimmen der Schülervertreter. Und dem Beschluss des Lehrerkollegiums hat die Schulkonferenz ebenfalls zugestimmt – und auch das ohne Gegenstimme. Wenn ihr hier etwas ändern wollt, müsst ihr deshalb euren eigenen Vertretern auf die Füße steigen."

Weil es dabei um eine besonders **heikle Regelung** geht, hätte Christine Braatz schon zu Beginn des Schuljahres klarstellen sollen, dass sie hier keinen Spaß versteht. Dann hätte sich vielleicht manche spontane Eruption vermeiden lassen:

„Wenn in meinen Stunden ein Handy klingelt, werde ich nicht mit mir verhandeln lassen. In einem solchen Fall bin ich gehalten, euch das ‚elektronische Speichermedium' abzunehmen – wie es in der Schulordnung ebenso eindeutig wie unnachsichtig formuliert ist. Und ihr werdet einer Sozialkundelehrerin wohl nicht verübeln, wenn sie sich an die vereinbarten Vorgaben hält."

Frau Braatz könnte mit solchem Aufkommen des Schülerzorns leichter umgehen, wenn sie die Klasse auf einen **regelmäßigen Aussprachetermin** vertrösten könnte. Hier lassen sich Konflikte abgewogener und konstruktiver bereinigen als in der aufgeladenen Atmosphäre eines kollektiven Wutausbruchs:

„Ich bin froh darüber, dass wir für den kommenden Freitag einen Klassenrat angesetzt haben. Dabei sollten wir uns diesmal den Konflikt um Lilianas Handy vornehmen. Denn da haben alle Seiten noch viel Gesprächsbedarf."

Damit dürfte die Lehrerin zu einer Entspannung der Situation beigetragen haben: Die Schüler wissen, dass der Vorfall im → **Klassenrat** noch einmal besprochen wird, und Frau Braatz kann sichergehen, dass diese Aussprache in einer weniger aufgeheizten Stimmung vonstattengeht. Und irgendwie wird auch Liliana wieder in den Besitz ihres Handys kommen. Da kann sich die aufgebrachte Schülerin ganz sicher sein.

Demokratie beginnt ganz unten: Der Klassenrat

Der Klassenrat gehört zum Inventar einer demokratischen Schule, weil sich die Schüler hier über **Fragen ihres schulischen Alltags** austauschen können und weil ihnen hier ein Höchstmaß an Selbstorganisation zugetraut wird. Hier lernen sie, dass der demokratische Diskurs einer verbindlichen Form und allgemein akzeptierter Regeln bedarf.

Deshalb ist jeder Klassenrat auf **verlässliche Rahmenbedingungen** angewiesen, die Sie mit den Schülern zusammen festlegen. So sollte der Termin rechtzeitig bekanntgegeben werden und die Klasse sollte mindestens eine Stunde Zeit haben, um die Tagesordnung eines solchen Ausspracheforums abzuarbeiten. Auch für den Ablauf einer Sitzung sollten verbindliche Regeln vereinbart werden: Das gilt für die jeweils zu besetzenden Ämter ebenso wie für die hier geltende Geschäftsordnung. So erfahren schon Kinder im Grundschulalter, dass sich Demokratie immer über Verfahren legitimiert.

Für die **Vorbereitung einer Sitzung** sollten Sie daher mit Ihren Schülern klare Vereinbarungen treffen. Dazu gehört, dass die Ämter des Klassenrats jeweils neu besetzt werden und dass das bereits in der vorhergehenden Sitzung zu geschehen hat:

- Der *Präsident* leitet die Sitzung des Klassenrates und hat darüber zu entscheiden, wer beim nächsten Mal welches Amt übernimmt.
- Zwei *Schriftführer* führen während der Sitzung die Rednerliste und halten die Beschlüsse des Klassenrats in einer Sitzungsmitschrift fest.
- Ein *Manager* kümmert sich um eine debattentaugliche Sitzordnung und hält alle benötigten Materialien (wie z. B. Stimmzettel) bereit.
- Ein *Zeitwächter* sorgt dafür, dass für jeden Tagesordnungspunkt ausreichend Beratungszeit zur Verfügung steht.

Angesichts der gespannten Atmosphäre in ihrer Klasse ist Frau Braatz und allen Schülern klar, worum es in der nächsten Sitzung des Klassenrats gehen muss. Oft fehlt aber ein solcher Aufreger und das Klassenleben gestaltet sich eher wie ein ruhiger, träger Fluss, was aber nicht bedeutet, dass es keine unausgesprochenen Probleme gäbe. Hier kann ein **Kummerkasten** helfen, der allen Schülern zugänglich ist und in den sie kleine Botschaften mit ihren aktuellen Ärgernissen oder Anregungen einwerfen. Eine ähnliche Funktion erfüllt das **Themenbuch**, das auf dem Pult liegt und auf dessen Kritik-, Respekt- und Ideenseiten sich die Schüler mit ihren Beobachtungen aus dem Schulalltag eintragen können. Auf der Basis der gesammelten Einträge stellt der Präsident dann die Tagesordnung des nächsten Klassenrats zusammen.

In der Regel sollte der Klassenrat mit einer **Anerkennungsrunde** beginnen: Hier teilen die Schüler mit, was ihnen in letzter Zeit positiv aufgefallen ist und wem die Klasse dafür Anerkennung schuldet. In einer zweiten Runde kommen die **eingegangenen Beschwerden und Anregungen** zur Sprache: Hier können die Schüler loswerden, was sie schon lange ärgert und was sie dringend verändert haben wollen. In einer dritten Runde werden dann die **Neuerungen** beschlossen, mit denen die angemahnten Defizite bereinigt werden sollen.

Lehrkräfte sollten sich aus den Verhandlungen des Klassenrates weitgehend heraushalten. Natürlich nehmen auch sie am Klassenrat teil und beteiligen auch sie sich an den hier geführten Debatten. Jeder Lehrer muss aber wissen, dass er sich im Klassenrat von seiner angestammten Rolle verabschieden und den Schülern das Heft des Handelns überlassen sollte. Viele Lehrkräfte nehmen sich hier so weit zurück, dass sie nur dann antworten, wenn sie gefragt werden, und dass sie sich nur dann äußern, wenn sie sich zu rechtfertigen haben. [5]

Einer fehlt beim Höhensatz

Für Frau Spahn gilt der Grundsatz: Vertrauen gegen Vertrauen. Sie gewährt ihren Schülern immer einen gewissen Vertrauensvorschuss – weil sie fest davon überzeugt ist, dass diese das nicht ausnutzen. Und bisher ist die Lehrerin für Mathematik und Physik mit dieser Praxis immer gut gefahren. Deshalb hat sich Carola Spahn abgewöhnt, regelmäßig die Hausaufgaben ihrer Schüler zu kontrollieren. Und so besteht sie auch nicht darauf, dass die korrigierten Klassenarbeiten jeweils von den Eltern unterschrieben werden. In einem Klima allgemeinen Vertrauens sollte es keinen Anlass geben, eine versäumte Hausaufgabe oder eine schlechte Note zu verschweigen – dieses Kalkül der Lehrerin scheint aufzugehen.

Daher verzichtet Frau Spahn auch darauf, jeweils anhand des Klassenbuches zu überprüfen, ob auch wirklich alle Schüler anwesend sind.
Sie vertraut den Eintragungen der Klassenbuchführer und zeichnet diese lediglich ab, um den formalen Ansprüchen Genüge zu tun.

Umso mehr trifft es Carola Spahn, als dieser Vertrauensvorschuss von einem Schüler unverfroren missbraucht wird. Eines Tages wird ihr von einer Kollegin hinterbracht, dass Iwan aus der 7c in einem benachbarten Café gesichtet worden ist, statt sich von Frau Spahn in die Geheimnisse des Höhensatzes einweisen zu lassen. „Sitzt da dreist und feist auf dem Sofa und nippt an einer Cola – wo er doch eigentlich im Unterricht hätte sein müssen“, empört sich die an der ganzen Schule wegen ihres Kontrollwahns berüchtigte Kollegin. Die Mathematiklehrerin ist sich bewusst, dass ihr vertrauensseliges Verhalten hier einen ganz kräftigen Dämpfer abbekommen hat. Aber sie hat keine Ahnung, wie sie mit dieser für sie völlig neuen Situation umgehen soll.

Vielleicht ruft sich die verstörte Kollegin in Erinnerung, wie ihre eigenen Lehrer in einem solchen Fall reagiert hätten. Wahrscheinlich hätten sie Iwans Fehltritt für eine ganz große **Inszenierung vor der Klasse** genutzt, um sein Fehlverhalten herauszustellen. Sie hätten sich den Jungen herausgegriffen und ihn vor versammelter Mannschaft heruntergeputzt:

> *„Leider ist es in dieser Klasse zu einem ganz und gar hinterhältigen Vertrauensbruch gekommen. Iwan, du hast die letzte Stunde geschwänzt und darüber hinaus die Klassenbuchführer dazu genötigt, dich als anwesend einzutragen. Damit*

hast du dich nicht nur selber schuldig gemacht – du hast auch andere in dieses Fehlverhalten mit hineingezogen. Ich werde dich deshalb mit einem zweistündigen Nachsitzen bestrafen."

Den Lehrkräften, die Frau Spahn im Rahmen ihrer Ausbildung kennengelernt hat, wäre eine solche Aktion wohl kaum zuzutrauen gewesen. Deren Pädagogik wäre eher auf leisen Sohlen dahergekommen: Sie hätten gewartet, bis sich die Meute der Mitschüler verzogen hätte, um den Schulschwänzer dann unter vier Augen anzusprechen:

„Du hast gestern in meiner Stunde gefehlt und bist stattdessen im ‚Café Ruppel' gesehen worden. Du hast damit den Mathematikunterricht geschwänzt. Und du warst auch noch so unvorsichtig, dies vor Zeugen zu tun. Damit hast du nicht nur gegen die Schulordnung verstoßen, sondern auch einen schweren Vertrauensbruch begangen. Ich will dir aber die Möglichkeit einräumen, dich zunächst zu dem gesamten Vorgang zu äußern. Dazu hast du jetzt Gelegenheit."

Es ist sicherlich klug, diesen Konflikt nicht auf offener Bühne auszutragen und dem Übeltäter kein Forum zu bieten, um sich wegen seines vermeintlichen Heldenmutes von den anderen feiern zu lassen. Aber auch hier wird der Schüler in eine nur passive Rolle gedrängt: Er muss sich gefallen lassen, dass er angesprochen, ausgefragt oder abgeurteilt wird. Frau Spahn gibt ihm so aber keine Gelegenheit, selber aktiv zu werden und einen **eigenständigen Beitrag zur Lösung** dieses Konflikts zu leisten. Deshalb wäre sie gut beraten, den Jungen am Nachmittag anzurufen – und ansonsten ihm die Initiative zu überlassen:

„Hallo Iwan, hier ist deine Mathematiklehrerin. Heute Vormittag hat es einen Vorfall gegeben, über den wir unbedingt sprechen müssen. Du weißt sehr gut, worum es dabei gegangen ist. Ich möchte dir aber nicht vorgreifen – denn du hast mir dazu bestimmt einiges zu erklären."

Der Schüler ist durch einen solchen **Anruf** wirklich gefordert: Er muss keine Standpauke über sich ergehen lassen, sondern er muss eine Erklärung oder Entschuldigung anbieten, die von der Lehrerin akzeptiert werden kann. Hat diese in ihren Klassen eingeführt, **→ Rosen und Zitronen** zu verteilen, gibt es sogar eine ritualisierte Form, in der sich die Schüler solchen Situationen stellen können.

Wirkungsvoller als Lob und Tadel: Rosen und Zitronen

Ermahnungen und Anerkennung gehören zum kleinen Einmaleins der **Unterrichtskommunikation**. Allerdings haben sich solche Rückmeldungen irgendwann einmal so weit verbraucht, dass sie von den Schülern kaum noch wahrgenommen werden. „Sei endlich leise!", „Pass doch mal auf!", „Setz dich wieder hin!", „Hör auf damit!" – Eigentlich ist es längst an der Zeit, die immer gleichen Formulierungen durch symbolische Handlungen zu ersetzen, die die Schüler bald zu entschlüsseln wissen und mit deren Bedeutung sie sich rasch vertraut gemacht haben.

Dazu erstehen Sie im nächsten Baumarkt ein Sortiermagazin, wie es dort für die Aufbewahrung von Schrauben u.Ä. angeboten wird. Hängen Sie das Magazin an der Rückwand des Klassenzimmers auf. Es sollte mindestens so viele Schubladen enthalten wie die Klasse Schüler hat. Jede Schublade bekleben Sie mit einem Namensschild, sodass jeder Schüler über ein eigenes **„Postfach"** verfügt. Gleichzeitig muss verbindlich geregelt und von der ganzen Klasse akzeptiert werden, dass ...

- nur Sie befugt sind, in den einzelnen Postfächern Informationen abzulegen, die Postfächer also nicht für die klasseninterne Kommunikation missbraucht werden dürfen.
- jeder Schüler nur Zugriff auf das mit seinem Namen gekennzeichnete Postfach hat – er also nicht in fremden Fächern wildern und in die Privatsphäre seiner Mitschüler eindringen darf.

Damit Sie Ihre Botschaften an die Schüler loswerden können, drucken und laminieren Sie kleine **Kärtchen**, auf denen jeweils eine Rose oder eine Zitrone zu sehen ist.

Findet ein Schüler in seinem Fach eine **Zitrone**, weiß er, dass Sie mit ihm sprechen möchten. Und er ahnt vielleicht, dass es dabei um etwas eher Unangenehmes gehen könnte. Es könnte dabei z. B. um seine mangelnde Arbeitsmoral, sein unsolidarisches Verhalten oder sein unverschämtes Benehmen gehen. Die Aufgabe des Schülers ist es dann, von sich aus aktiv zu werden und das Gespräch mit Ihnen zu suchen. Wer dieses Gesprächsangebot annimmt, signalisiert, dass er sich solchen Vorhaltungen zu stellen bereit ist. Und das sollte als ein erster Schritt zu Umkehr und Buße gewürdigt werden. Damit dieses **Angebot zum Dialog** nicht in der allgemeinen Hektik des Unterrichtsbetriebs untergeht, sollten Sie verlässliche Gesprächszeiten einrichten.

So könnten Sie …

- den Vormittag jeweils mit einer **Welcome-Phase** beginnen lassen: Sie schließen das Klassenzimmer eine Viertelstunde vor Unterrichtsbeginn auf und stehen für das Gespräch mit einzelnen Schülern zur Verfügung.
- 2-mal in der Woche eine **Sprechpause** einrichten: Die Schüler wissen, dass Sie dann in einem bestimmten Raum anzutreffen sind und sich für die Nachfragen, Anregungen oder Beschwerden bereithalten.
- die letzte **Stunde früher enden lassen**: Der Ordnungsdienst hat dann ausreichend Zeit, um die Hinterlassenschaften eines ganzen Vormittags zu beseitigen, und einzelne Schüler können diese Zeit nutzen, um mit Ihnen ins Gespräch zu kommen.
- den Schülern Gelegenheit geben, Sie auch **außerhalb des Unterrichts zu kontaktieren**. Teilen Sie der Klasse Ihre Telefonnummer und/oder Ihre E-Mail-Adresse mit. Stellen Sie aber von vorneherein klar, zu welchen Zeiten Sie nicht behelligt werden möchten. Richten Sie sich zudem eine eigene E-Mail-Adresse für Ihre „Klassenpost" ein, dann gehen die Nachrichten Ihrer Schüler nicht in der privaten Post unter. Achten Sie dabei allerdings darauf, dass Sie ggf. bestehende Datenschutzregeln beachten.

Stößt ein Schüler im Postfach dagegen auf eine **Rose**, nimmt er die Karte an sich und verwahrt sie in seiner Schultasche. Denn die Rose ist ein Sammelobjekt: Wer Ihnen drei Rosen vorlegen kann, hat Anspruch auf einen „positiven Verweis". Die Eltern erhalten dann einen Brief, in dem Sie ihnen Ihre positiven Erfahrungen mit dem Schüler schildern. Und so könnte ein solcher positiver Verweis formuliert sein:

> Als Eltern haben Sie das Recht, nicht nur über die Noten Ihres Kindes, sondern auch über sein Verhalten innerhalb und außerhalb des Unterrichts informiert zu werden.
>
> Als Klassenlehrerin Ihres Kindes möchte ich Schüler, die mir aufgrund ihrer charakterlichen Stärken und ihrer sozialen Verhaltungsweisen aufgefallen sind, mit einer Mitteilung an die Eltern auszeichnen. Heute möchte ich Ihrer Tochter einen solchen „positiven Verweis" ausstellen.
>
> Schon zu Beginn des Schuljahres hat sich Madeleine dazu bereit erklärt, nicht länger neben ihrer besten Freundin zu sitzen und stattdessen einen Platz neben einem neu in die Klasse eingetretenen Jungen akzeptiert.

Damit konnte eine unschöne Rangelei um die neue Sitzordnung vermieden und der Frieden im Klassenzimmer gewahrt werden. Hier hat Madeleine ihre eigenen Interessen zurückgestellt, um das soziale Klima ihrer Klasse nicht zu gefährden.

Ich habe Madeleine als eine ebenso engagierte wie kritische Schülerin kennengelernt. So hat sie im Rahmen des Klassenrats bemängelt, dass der Müll im Klassenzimmer bislang unsortiert gesammelt und dann als Restmüll entsorgt wurde. Ihrem Einsatz ist es zu verdanken, dass inzwischen auch in ihrer Klasse der Müll getrennt wird und dass sich fast alle Mitschüler und Kollegen daran halten.

Auch in anderen Situationen hat Madeleine beweisen können, dass ihre Kritik immer konstruktiv ausgerichtet ist. Ich habe das erleben dürfen, als Madeleine mit meiner Bewertung ihres Referats im Fach Geschichte nicht einverstanden war. In dieser Auseinandersetzung hat es Madeleine nie am Respekt mir gegenüber fehlen lassen. Und sie hat sich trotz ihrer eigenen Betroffenheit immer um ein möglichst objektives Urteil in dieser Angelegenheit bemüht. Darüber hinaus hat sie mich in diesem Fall von der Geheimhaltungspflicht entbunden, sodass wir über ihr Referat und meine Bewertung in der Klasse diskutieren konnten. Sie hat damit auf ihre Weise zu einer besseren Transparenz der Notengebung im Fach Geschichte beigetragen.

Aufgrund solcher Beobachtungen hat Madeleine Anspruch auf einen positiven Verweis. Ich freue mich, Ihrer Tochter ein so erfreuliches Zeugnis ausstellen zu dürfen."

Ist es nicht möglich, einen „Postschrank" aufzustellen, weil z. B. viele andere Klassen in dem Raum Unterricht haben, können Sie den Schülern während einer Stillarbeitsphase oder beim Abschied aus dem Klassenraum einen **Briefumschlag mit dem Kärtchen** geben.

Für Iwan würde es im vorliegenden Fall nur zu einer Zitrone in seinem Fach reichen. Er weiß nun, dass es jetzt ganz allein an ihm liegt, diesen Konflikt zusammen mit seiner Mathematiklehrerin aufzuarbeiten.

Die Rosen und Zitronen im Postfach können zu etwas wie **Wegmarken** werden, die dem Werteverständnis Ihrer Klasse die Richtung weisen. Erziehung kann eben nur dort gelingen, wo auch Beziehung gelebt wird.

Nervennahrung

„Wie verhältst du dich, wenn Schüler während des Unterrichts austreten wollen?" – An dieser Gretchenfrage scheiden sich an vielen Schulen die Geister. Manche Kollegen vertreten hier eine harte Linie und verlangen von den Schülern bis zur nächsten Pause durchzuhalten. Andere geben sich eher locker und gewähren ihren Klassen ganz selbstverständlich eine solche Pause. Wieder andere kommen den Schülern nur dann entgegen, wenn diese ihre Blasenschwäche anhand eines ärztlichen Attests belegen können.

Als Lehrer einer Mädchenklasse ist Herr Eggert klug genug, seinen Schülerinnen keine hochnotpeinlichen Auskünfte abzuverlangen, sondern sie bei Bedarf auch während des Unterrichts auf die Toilette gehen zu lassen. Und der junge Lehrer ist auch nur ein bisschen sauer, wenn seine Schülerinnen das Schulklo grundsätzlich in Begleitung ihrer allerbesten Freundin aufzusuchen pflegen. Davon profitieren auch Luisa und Veronique, die heute gemeinsam das WC aufsuchen. Allerdings fragt sich Christoph Eggert, warum die beiden dafür länger brauchen als üblich – es würde ihn nicht wundern, wenn sie für ihren Gang auf die Toilette gewisse Umwege eingeplant hätten. Und so kommt es auch: Als die beiden Mädchen das Klassenzimmer betreten, balancieren sie in jeder Hand einen Muffin. Damit machen die beiden keinen Hehl daraus, dass sie ihr Weg zum Mädchenklo über die benachbarte Bäckereifiliale geführt hat. „Nervennahrung", erläutert Veronique ohne jeden Anflug eines schlechten Gewissens. Und sie grinst Herrn Eggert dabei auch noch unverfroren an. Den aber beschleicht das sichere Gefühl, irgendetwas falsch gemacht zu haben.

Eigentlich dürfte der Lehrer den beiden Schülerinnen dieses Verhalten nicht durchgehen lassen: Sie haben nicht nur gegen ein **stillschweigendes Agreement verstoßen**, sondern scheinen auf diesen Regelverstoß auch noch stolz zu sein.

Vielleicht ist Herrn Eggert die ganze Sache nicht so wichtig – sodass er es bei einem **ironischen Kommentar** bewenden lässt:

„Früher waren Scheißhäuser dazu da, um dort seine Notdurft zu verrichten. Heute gehört offensichtlich auch die Verteilung von Muffins zum Angebot. Ich möchte mir lieber nicht ausmalen, wie beides zusammenpasst."

Vielleicht ist es für Christoph Eggert aber mit einer witzigen Bemerkung nicht getan. Schließlich geht es hier um einen ungeschriebenen Verhaltenskodex, der von den beiden Schülerinnen demonstrativ aufgekündigt wurde. Und in einem solchen Fall sollte auch ein noch so toleranter Lehrer keinen Spaß verstehen. Dass er hier auf der **Einhaltung bestimmter Regeln** besteht, macht ihn noch nicht zum Spielverderber:

> *„Luisa und Veronique, mit eurem Verhalten habt ihr eine rote Linie überschritten. Ich habe euch seinerzeit erlaubt, in meinen Stunden die Toilette aufzusuchen. Denn ich war mir sicher, dass ihr dieses Zugeständnis nicht missbrauchen würdet. Das aber ist heute passiert. Ich sehe mich deshalb gezwungen, meine Ankündigung vom Anfang des Schuljahres wieder zurückzunehmen. Ihr müsst also künftig bis zum Ende der Stunde warten, wenn ihr austreten wollt, wie das auch bei anderen Kollegen üblich ist."*

Es lässt sich leicht ausmalen, wie die beiden Mädchen auf diese Ankündigung reagieren könnten: Sie würden sich vermutlich darauf berufen, dass ja nur eine mündliche Abmachung vorliege – und die lässt bekanntlich ausreichend Luft für alle möglichen Deutungen und Missverständnisse. So würde Luisa vielleicht einwenden, dass solche Extratouren bisher nicht ausdrücklich verboten waren. Und Veronique würde vielleicht ergänzen, dass sie die Muffins sonst wohl kaum vorgezeigt hätten. Deshalb sollte Herr Eggert der Klasse anbieten, die bisher geltende Praxis durch eine **Regelung** abzulösen, die nicht umgedeutet oder missverstanden werden kann – und diese **in schriftlicher Form** festzuhalten:

> *„Luisas und Veroniques Verhalten beweist, dass im Fall der Toilettenbesuche erheblicher Klärungsbedarf besteht. Ich schlage deshalb vor, dass wir uns auf ein verbindliches und faires Verfahren verständigen: Wer in meinen Stunden austreten möchte, kann dies tun. Es kann aber jeweils nur eine Schülerin die Toilette aufsuchen. Und der Weg dorthin findet ohne Umwege und Abstecher statt. Diese Regelung wird euch morgen als schriftliche Abmachung vorliegen. Und ich möchte, dass wir sie alle mit unserer Unterschrift bestätigen."*

Immer wieder wird es ähnliche Konflikte geben und es wird notwendig sein, dafür allgemein verbindliche Regeln zu finden. Mit einer schriftlich fixierten Abmachung zwischen Schülern und Lehrern kann weiteren Konflikten vorgebeugt werden. Und mit einer ➜ **Klassensatzung** gehen die getroffenen Vereinbarungen in einem verbindlichen Regelungswerk auf.

Verhandeln statt Gehorchen: Die Klassensatzung

Was im Klassenzimmer erlaubt oder untersagt sein soll – das ist nicht bis in jede Einzelheit durch Gesetze und Verordnungen geregelt. So schreibt keine Schulordnung der Welt vor, ob sich die Schüler zu Beginn des Unterrichts von ihren Plätzen erheben sollen oder ob das Kaugummikauen im Klassenzimmer verboten ist. Hier tun sich zahlreiche **Regelungslücken** auf, die die Lehrkräfte schließen müssen. An Ihnen liegt es, ob solche Regelungen durch autokratisch gefällte Entscheidungen oder demokratisch getroffene Abmachungen legitimiert sind.

Die Klassensatzung stellt den Versuch dar, solche **Verhaltenserwartungen** zusammen mit den Schülern auszuhandeln und diese in schriftlicher Form festzuhalten. Im Rahmen der Klassensatzung ist festgelegt, …

- an welche Pflichten und Verbote sich die Schüler während des Unterrichts zu halten haben.
- wie sie mit ihrem Klassenzimmer, mit dem Mobiliar und mit den Lernmaterialien umgehen sollten.
- welche Grundsätze für den Umgang der Schüler untereinander gelten.
- welche Spielregeln von den Schülern bei außerunterrichtlichen Unternehmungen einzuhalten sind.
- wie die Mitsprache der Schüler innerhalb und außerhalb des Klassenzimmers organisiert sein soll.

Die Bestimmungen einer Klassensatzung sind nicht der Regelungswut einzelner Lehrer oder Schüler geschuldet. In den meisten Fällen gehen sie auf ganz **konkrete Konflikte** zurück, die nach verbindlichen Vorschriften oder Verboten verlangen, wenn dadurch der Frieden im Klassenzimmer nicht dauerhaft gefährdet werden soll.

So könnte das Fehlverhalten der beiden Schülerinnen Luisa und Veronique dazu führen, dass der hier aufgebrochene Konflikt im Rahmen einer Klassenstunde noch einmal aufgearbeitet wird. Alle Beteiligten werden zugeben, dass es hier einer verbindlichen Regelung bedarf, damit sich solche Missverständnisse oder Fehlinterpretationen nicht dauerhaft verfestigen. Im Rahmen eines **fairen Interessenausgleichs** könnten sich beide Seiten dann auf die folgende Formulierung einigen:

§ 7b Austreten

Um eine Toilette aufzusuchen, nutzen wir in der Regel die Pausen. In Ausnahmefällen ist uns das auch im Rahmen des Unterrichts möglich. Die Toilette wird in diesem Fall immer nur allein und auf direktem Weg aufgesucht.

Eine solche Regelung passt in die Klassensatzung, weil hier ein fairer **Kompromiss** zwischen Lehrer- und Schülerinteressen gefunden wurde: Die Schülerinnen haben durchgesetzt, dass sie auch weiterhin austreten dürfen. Und der Lehrer hat erreicht, dass diese Auszeit auf ein Minimum begrenzt bleibt. Das dürfte auch die anderen Lehrkräfte der Klasse überzeugen – sodass vielleicht auch sie die hier ausgehandelte Regelung übernehmen.

Schließlich sollte jeder Lehrer wissen: Gemeinsam erarbeitete Spielregeln werden lieber befolgt als jede einseitige und eigenmächtige Vorschrift.[6]

Halbe Portion

Die Schule ist nicht nur Lernort und Bildungsstätte, sie ist auch eine Behörde. Als solche weist sie jedem Lehrer seinen Platz innerhalb eines hierarchischen Systems zu. Vielerorts empfängt den Besucher schon in der Eingangshalle eine Info-Tafel, die alle Lehrkräfte der Schule nennt – jeweils mit ihrem Namen, ihrem Titel und ihrem Dienstgrad. Herrn Osman ärgert diese öffentliche Kategorisierung, seit er an der Schule ist. Er hat zwar kein Problem mit den hierarchischen Strukturen innerhalb des Kollegiums. Aber er sieht nicht ein, warum dies so offensichtlich nach innen und außen kommuniziert wird. Für den selbstbewussten Referendar haben die Schüler jeden Lehrer als Autoritätsperson zu respektieren – ganz egal, welches Kürzel seinen Namen ziert und welchen Dienstgrad er für sich in Anspruch nimmt.

Ahmad Osman ist froh, wenn er hin und wieder für eine Vertretungsstunde vorgesehen ist. Der ehrgeizige Referendar sieht darin eine Chance, um sich in seiner Rolle als Lehrer auszuprobieren, und das ohne die Anwesenheit eines Ausbildungslehrers, der wahrscheinlich wieder einmal tausend Kleinigkeiten an seinem Auftreten und an seinem Unterrichtsstil auszusetzen hätte. So hat sich der angehende Lehrer für die Vertretungsstunde in einer 9. Klasse ein Planspiel einfallen lassen, das bei den Schülern eigentlich prima ankommen müsste. Die allerdings zeigen Herrn Osman ziemlich unverfroren die kalte Schulter und haben schon nach kurzer Zeit ihre Mitarbeit eingestellt: Einige unterhalten sich lieber mit ihren Nebenleuten, andere gönnen sich ein paar Minuten Schlaf, wieder andere spielen gelangweilt mit ihrem Smartphone herum. Ganz offensichtlich steht der Referendar in dieser Vertretungsstunde auf verlorenem Posten. Dennoch appelliert er an die Vernunft der Schüler und an die Moral der Klasse. „Dies ist eine ganz normale Unterrichtsstunde“, versucht er, den vor sich hin lümmelnden Schülern klarzumachen. „Und da erwarte ich von eurer Seite ein gewisses Engagement.“ Der etwas blasiert auftretende Johannes aber scheint es besser zu wissen: „Kann schon sein, dass das hier eine ganz normale Unterrichtstunde ist. Aber Sie – Sie sind doch noch gar kein richtiger Lehrer.“ Und der hinter ihm sitzende Tristan sekundiert: „Eher eine halbe Portion.“ Das sitzt! Und darauf haben es die beiden Schnösel wohl auch abgesehen.

Herr Osman muss sich eine solche Anmache nicht bieten lassen. Er ist sich selber einen **gelungenen Konter** schuldig – und damit auch allen anderen Referendaren, die von den Schülern wie Lehrer zweiter Klasse behandelt werden. Allerdings sollte seine Replik so altersgemäß ausfallen, dass sie von den Schülern auch wirklich verstanden wird.

Er könnte den Schülern einer 5. Klasse z. B. folgendermaßen klarmachen, dass es für den Umgang mit Lehrern **klare Spielregeln** gibt – und dass sie sich an diese zu halten haben:

> *„Die Schule erwartet von euch, dass ihr allen Lehrkräften mit Respekt begegnet und dass ihr dabei zwischen jüngeren und älteren Lehrern keinen Unterschied macht. Es ärgert euch doch auch, wenn ihr beim Pausenverkauf von den Großen weggedrängt werdet oder wenn euch die älteren Schüler im Treppenhaus anrempeln. Ich bin zwar ein junger Lehrer, möchte von euch aber respektiert werden wie jeder andere Kollege auch."*

Herr Osman aber hat es mit den Schülern einer 9. Klasse zu tun. Und die sollten in der Lage sein, sich von einer eher abstrakten Argumentation überzeugen zu lassen.

> *„Zu Recht wird von uns Lehrern erwartet, dass wir alle Schüler gleich behandeln. Und darum bemühen wir uns auch. Umgekehrt wollen aber auch wir von euch gleich behandelt werden – ganz egal, ob wir uns am Anfang unserer beruflichen Karriere befinden oder ob wir schon einige Dienstjahre auf dem Buckel haben. Ob Schüler oder Lehrer: Nichts rechtfertigt eine Ungleichbehandlung. Und das Lebensalter kann hier ohnehin kein Argument sein."*

In der Oberstufe könnte Herr Osman noch etwas grundsätzlicher werden. Schließlich sind es die Schüler hier gewohnt, sich mit philosophischen oder soziologischen Texten zu beschäftigen. Außerdem trennen den Berufsanfänger von diesen Schülern nur wenige Lebensjahre. Die kulturelle Schnittmenge zwischen dem jungen Lehrer und seinen Schülern dürfte nie so groß sein wie hier. Das verleiht dem Gespräch über Autorität und Respekt eine besondere Brisanz:

> *„Sie sollten alt genug sein, um zwischen Funktion und Amt unterscheiden zu können. Als Schüler hat Sie ganz alleine zu interessieren, welche Funktion ich in dieser Klasse ausübe. Hier ist es meine Aufgabe, Sie mit dem notwendigen Fachwissen zu versorgen, die Lerninhalte schlüssig zu strukturieren und Ihnen einen methodisch abwechslungsreichen Unterricht zu bieten. Und nur daran möchte ich von Ihnen gemessen werden. Mein Status, mein Dienstgrad oder meine Besoldungsgruppe sollte Sie dabei nicht beschäftigen. Übrigens: Auch wer von Ihnen ein Referat hält oder seine Facharbeit vorstellt, hat eine ähnliche Funktion zu erfüllen – und deshalb dieselbe Wertschätzung, denselben Respekt verdient."*

Darüber hinaus ist hier aber auch die Schule gefordert: Sie muss den angehenden **Lehrkräften den Rücken stärken** und ihnen bei ihren ersten Schritten auf einem noch ungewohnten Terrain professionelle Unterstützung gewähren. So sollte die Schulleitung im Rahmen eines Elternbriefs alle Lehrkräfte vorstellen, die zu Beginn des Schuljahres ihren Dienst angetreten haben – und dabei auch die der Schule zugewiesenen Referendare nennen:

„… Neu an unserer Schule begrüßen wir auch Herrn Ahmad Osman, der die Fächer Biologie und Chemie unterrichtet. Wir danken Herrn Osman, dass er vorübergehend die Betreuung des Schulgartens übernimmt, und sind uns sicher, dass er diese Aufgabe mit Leidenschaft und Eigeninitiative angeht …"

Hier erscheint der Referendar nicht als ein unbeholfener Einsteiger, für dessen erste Gehversuche die Schüler als Versuchskaninchen herhalten müssen. Stattdessen wird Herr Osman als ein kompetenter Kollege begrüßt, von dem sich die Schule manche neuen Impulse und Ideen zu erwarten hat.

Noch wichtiger wäre es, dass allen, die vor einer Klasse stehen, **dieselbe Wertschätzung** entgegengebracht wird – vom altgedienten Fachkollegen, der seinen Stoff routiniert abspult, bis zur Schülerin, die sich zum ersten Mal an einem Referat versucht. Sie alle tragen dazu bei, dass die Schule ihren Bildungsauftrag erfüllt, und haben deshalb den Respekt der ganzen Klasse verdient. Deshalb sollten sich alle Schüler regelmäßig in der Rolle des Lehrenden erleben, z. B. beim → **Lernen durch Lehren**. So begreifen sie, dass sich Funktion und Status sehr wohl trennen lassen.

Rollenwechsel im Klassenzimmer: Lernen durch Lehren

Zuhören, mitschreiben, wiederholen – Schüler, die den Unterricht immer nur in einer untergeordneten und passiven Rolle erleben, fühlen sich nicht wirklich ernst genommen. Damit ihre Potenziale nicht brachliegen, sollten sie aktiv an der Vorbereitung und Durchführung des Unterrichts beteiligt werden. Deswegen sollten Sie Ihren Platz am Pult regelmäßig räumen und ihn den Schülern überlassen. Dieser **Rollenwechsel** soll ihnen helfen, sich bestimmte Lerninhalte aus einer anderen Perspektive zu erschließen.

Darum geht es dem Eichstätter Fachdidaktiker Jean-Pol Martin, der das Projekt „Lernen durch Lehren" entwickelt hat und dafür inzwischen zahlreiche Mitstreiter rekrutieren konnte.[7] Für Martin sollen die Schüler keine ganzen Stunden halten und damit den Lehrer womöglich überflüssig machen. Stattdessen sollen sie **einzelne Module** vorbereiten und diese zusammen mit ihren Mitschülern erarbeiten.

Solche **Bausteine** lassen sich in allen Fächern finden:

Unterrichtsfach	Beitrag der Schüler
Religion/Ethik	In einem Gruppenarrangement vergleichen die Mitschüler die Fastentraditionen unterschiedlicher Religionen.
Deutsch	In verschiedenen Werbeanzeigen suchen die Schüler unvollständige Sätze und ordnen diese nach syntaktischen Gesichtspunkten.
Fremdsprachen	Im Rahmen eines Wettbewerbs wird der beste Limerick der Klasse ermittelt.
Mathematik	Es wird vorgeführt, wie das Prozentrechnen mit dem Taschenrechner funktioniert und an Alltagsaufgaben eingeübt.
Naturwissenschaften	Die Schüler stellen eine Versuchsbeschreibung aus dem Lehrbuch nach und werten das Experiment gemeinsam aus.
Geschichte	Die Mitschüler ordnen bestimmte Kostüme und Trachten den unterschiedlichen Epochen der Weltgeschichte zu.

Kunst	Angeregt durch bekannte Vorbilder, erstellt jeder Schüler eine Karikatur seines Nebenmanns.
Musik	Die Schüler gestalten eine Mindmap zu den Instrumenten eines Symphonieorchesters.
...	...

„Lernen durch Lehren" – das bedeutet: Wer anderen einen **Lerngegenstand vermitteln** muss, wird sich diesem sorgfältiger, ernsthafter und geduldiger nähern als das im Regelunterricht der Fall ist.

So gehört es zu den **Aufgaben** der mit einem bestimmten Modul betrauten Schüler, ...

- sich intensiv in eine ihnen fremde Materie einzuarbeiten.
- die neuen Inhalte anhand adäquater und anschaulicher Medien zu vermitteln.
- eine dem Gegenstand angemessene Lern- und Arbeitsform zu finden.
- den Mitschülern eine Evaluation ihrer Lernfortschritte anzubieten.

Wären Johannes und Tristan mit einem solchen Rollenwechsel vertraut, hätten sie wohl kaum am Status ihres Vertretungslehrers Anstoß genommen. Sie hätten aus **eigener Erfahrung** gewusst, dass guter Unterricht viele Kompetenzen erfordert – und dass ein Referendar darüber genauso verfügen kann wie jede andere „Lehrperson" auch.

Lernen in der Dienstleistungsgesellschaft

Es ist kurz vor 13.00 Uhr. Die Schüler der 8b haben ihre Rucksäcke schon geschultert und warten nur noch darauf, dass es klingelt und sie endlich hinausstürmen können. Besorgt mustert Frau Vanek das Klassenzimmer, das die Schüler im Verlauf des Vormittags immer mehr in ein Schlachtfeld verwandelt haben: Die Tische und Stühle sind kreuz und quer im Raum verteilt. Verpackungen, Essensreste und zerknüllte Arbeitsblätter bedecken den Boden. Unter dem Waschbecken erstreckt sich eine Pfütze. Und vor der Tafel sammeln sich zertretene Kreidereste. In solchen Augenblicken fragt sich die erfahrene Lehrerin immer wieder, wie ihre Schüler in einem so unansehnlichen und unbehausten Ambiente überhaupt lernen können.

Das gilt auch für den sonst so verantwortungsbewussten Tim. Der versucht, wenigstens an seinem Arbeitsplatz für etwas Ordnung zu sorgen: Er wischt mit dem Unterarm über die Tischplatte, um eine leere Chipstüte, die verbliebenen Bestandteile zweier Überraschungseier sowie diverse Papierschnipsel auf den Boden zu befördern. Iris Vanek ist eine geduldige Frau, aber dieses Verhalten geht ihr doch zu weit. „Moment mal, Tim!", fährt sie den Schüler an. „Du hebst die Chipstüte jetzt umgehend auf und wirfst sie in den Papierkorb." Aber der zeigt sich von dieser klaren Ansage kein bisschen beeindruckt: „Wozu gibt es an unserer Schule denn Putzfrauen?! Die müssen schließlich auch was zu tun haben." Da verschlägt es Frau Vanek erst einmal die Sprache.

In diesem Zustand der Sprachlosigkeit sollte die Lehrerin lieber nicht verharren. Denn die Antwort des Schülers kann so nicht stehen bleiben. Wie immer Iris Vanek auch reagiert – sie sollte hier lieber auf den **Überraschungseffekt** als auf den Appell zur Läuterung setzen. Dabei sollte ihr überlassen bleiben, wie spontan oder wie geplant sie dabei vorgehen möchte. So könnte sie dem Schüler umgehend antworten:

> *„Wozu es an unserer Schule Putzfrauen gibt? Bestimmt nicht, um den Dreck der Herren Schüler wegzuräumen. Es sind die Steuermittel eurer Eltern, aus denen diese Reinigungskräfte bezahlt werden – aber nicht, damit ihr euch hier wie die Vandalen benehmt."*

Für die ganze Klasse wäre es sicher eine Überraschung, wenn Frau Vanek wenige Tage später mit einem unbekannten Mann in der 8b auftauchen und ihn als die für das Klassenzimmer **zuständige Reinigungskraft** vorstellen würde:

„Darf ich euch den Herrn vorstellen, der jeden Tag den Buckel krumm machen muss, um eure Hinterlassenschaften zu entsorgen und das Klassenzimmer auf Vordermann zu bringen. Mit einem versifften und zugemüllten Klassenzimmer macht ihr ihm nur das Leben schwer. Was ihn dabei besonders stört – davon wird er euch jetzt erzählen."

Mit diesem überraschenden Besuch wäre für die Klasse auch eine wichtige Lektion verbunden: Die Schüler könnten begreifen, dass die vermeintlich so abstrakten Reinigungsdienste von sehr **realen Menschen** besorgt werden – und dass sie diesen mit ein bisschen **Rücksicht** das Leben erleichtern könnten. Die Sauberkeit des Klassenzimmers würde sich für sie endlich mit einem Gesicht und mit einem Namen verbinden.

Iris Vanek könnte sich aber auch von dem großen Joseph Beuys anregen lassen: Der nämlich stellte all den Müll und Dreck, den die Reinigungskräfte nach einer Demonstration zusammengekehrt hatten, in einer Vitrine aus. In diesem Sinne könnte auch die Lehrerin ihren Schülern die **Hinterlassenschaften** der eigenen Gedankenlosigkeit in einem **Schaukasten** präsentieren und diesen im Klassenzimmer aufstellen. Unter dem Titel „Was vom Tage übrig bleibt" wären die Schüler für einen längeren Zeitraum mit jener Entsorgungsmentalität konfrontiert, wie sie auch in Tims Bemerkung zum Ausdruck kommt.

Schließlich ließe sich an eine **Postkartenserie** denken, mit der Frau Vanek der Nachdenklichkeit ihrer Schüler ein bisschen nachhelfen könnte. Dazu müsste die Lehrerin nach Unterrichtsschluss auf Motivsuche gehen und mit der Kamera oder dem Handy festhalten, in welchem Zustand die Schüler ihr Klassenzimmer hinterlassen und welche Unappetitlichkeiten sie den Reinigungskräften dabei zumuten. Die einzelnen Motive ließen sich dann auf das Format einer Postkarte bringen und mit dem Zitat „Wozu gibt es an unserer Schule denn Putzfrauen?! Die müssen schließlich auch was zu tun haben!" untertiteln. Wenn die Schüler am Samstagmorgen eine solche Postkarte im Briefkasten vorfinden, wird sich der erhoffte Überraschungseffekt ganz von selbst einstellen.

In jedem Fall müssen die Schüler lernen, dass sie für den Zustand ihres Klassenzimmers verantwortlich sind und dass sie diese Zuständigkeit nicht an irgendwelche Dienstleister abtreten können. Um die **Verantwortung** der Schüler für ihr Klassenzimmer und für das gesamte Schulhaus sichtbar zu machen, könnte Iris Vanek an ihrer Schule auch einen → **Werktag** anregen, an dem sich Schüler, Eltern und Lehrer in gleicher Weise beteiligen.

Wenn alle Hand anlegen: Der Werktag

Der **alltägliche Vandalismus** ist vielleicht auch an Ihrer Schule ein Problem. Vielleicht ärgern auch Sie sich über die Kritzeleien auf den Schülertischen oder die Schmierereien an den Wänden. Vielleicht möchte auch Ihr Kollegium die Vermüllung der Fachräume oder den Vandalismus auf den Toiletten nicht tatenlos hinnehmen. Vielleicht sind auch an Ihrer Schule die Zerstörung des Mobiliars oder der Zustand der Klassenzimmer ein dauerhaftes Ärgernis.

Dann werden auch Sie die Erfahrung gemacht haben, dass sich mit moralisch begründeten Appellen nicht viel ausrichten lässt. Denn die Ursachen dieser vandalistischen Umtriebe liegen tiefer. Sie sind Ausdruck einer zunehmenden **Entfremdung der Schüler von ihrer unmittelbaren Lernumgebung**: Niemand hat den Schülern Gelegenheit gegeben, sich in die Architektur ihres Schulhauses einzubringen oder sich an der Ausgestaltung ihrer Klassenzimmer zu beteiligen. Das pädagogische Ambiente ist durch und durch fremdbestimmt. Und deshalb zeigen die Schüler auch wenig Neigung, damit besonders pfleglich umzugehen.

Demgegenüber sind die jungen Leute in die Ausstattung, Einrichtung und **Dekoration des eigenen Zimmers** von vorneherein eingebunden. Entsprechend verantwortungsvoll gestaltet sich ihr Umgang mit den eigenen vier Wänden. Auch das eigene Zimmer ist selten aufgeräumt – aber sie kämen kaum auf die Idee, ihr Zuhause mit Schmierereien oder Kaugummiresten zu verunstalten. Schließlich wollen sie sich hier ja wohlfühlen.

Dieser Logik folgt auch die Einrichtung eines eigenen Werktags, wie er an vielen Schulen bereits praktiziert wird: An einem Samstag im Schuljahr rücken die einzelnen Klassen mit Maurerkelle und Malerpinsel an, um ihr **Klassenzimmer zu verschönern** und um die abstoßendsten Ecken im Schulhaus in wahre Schmuckstücke zu verwandeln. Statt ihre Zerstörungswut an einem fremdbestimmten Ambiente auszulassen, machen die Schüler aus ihrem unmittelbaren Lernumfeld einen **Ort zum Wohlfühlen**.

Zentrale Schaltstelle eines solchen Werktags ist eine **Projektgruppe**, in der Schüler, Eltern und Lehrer vertreten sind und in der alle Fäden zusammenlaufen. Die Projektgruppe sichtet die Vorschläge der Klassen und Arbeitskreise und sorgt dafür, dass die benötigten Materialien und Kompetenzen bedarfsgerecht besorgt und verteilt werden. Sie erarbeitet zudem ein Finanzierungskonzept. In einem **Projektatlas** werden dann sämtliche Vorhaben aufgelistet, die im Verlauf des Werktags umgesetzt werden sollen:

Klasse/Arbeitskreis/Gremium	Vorhaben
5a	Unser Klassenzimmer wird zur grünen Oase
5b	Wir machen aus dem Pausenhof eine Spiellandschaft
6a	Sitzecken für die Gruppenarbeit
6b	Neon statt Grau: Ein neuer Anstrich für die Schließfächer
7a	Wir bringen unserm Klassenzimmer das Flüstern bei
7b	Piktogramme für die ganze Schule
8a	Ein Wandgemälde für unser Klassenzimmer
8b	Energiesparen im Klassenzimmer
9a	HighTech statt Schiefertafel – Der Physiksaal wird medial aufgerüstet
9b	Frische Farben für unsere Schulmensa
10a	Eine Grill- und Partyhütte für den Schulgarten
10b	Land-Art im Pausenhof
AK Schüler-Streit-Schlichter	Ein Mediationsraum für unsere Schule
AK Schulradio	Aus dem Kartenzimmer wird ein professionelles Studio
AG Umwelt	Mit einer Recyclingstation mehr für die Umwelt tun
AG Theater	Ein neues Equipment für Licht und Ton
AG Astronomie	Der Eingangsbereich erhält eine Sonnenuhr.

Elternbeirat	Eine Sitzecke für die Pausenhalle gestalten
Förderverein	Endlich: Eine Skaterbahn auf dem Sportgelände!

Die Jugendlichen müssen nicht lange von der Notwendigkeit eines solchen Werktags überzeugt werden. Sie wissen ja selbst, dass ihnen ein schmuddeliges Interieur die Lust am Lernen verleiden kann. Und sie wissen auch, dass sie sich selber etwas Gutes tun, wenn sie hier Hand anlegen und für ein **freundliches Ambiente** sorgen.

Erfahrungsgemäß wächst dabei aber auch die **Einsicht**, dass ihre Schule ohne die hilfreichen Geister hinter den Kulissen schon bald in Dreck und Müll versinken würde. Deshalb wird Tim nach dem Werktag bestimmt einsehen, wie lächerlich er sich seinerzeit mit seinem Verhalten gemacht hat. Wer als Reinigungskraft seinen Job erledigt, muss sich von den Schülern deswegen nicht wie der letzte Dreck behandeln lassen. Das sollte nicht nur Tim eine Lehre sein.

Die Sprache der T-Shirts

Die Auseinandersetzung mit dem Rechtsextremismus ist Britta Tewes ein Herzensanliegen. Und ihre Schüler und Kollegen wissen, dass daraus längst eine pädagogische Sendung geworden ist. Die Gymnasiallehrerin organisiert regelmäßig Gespräche mit Überlebenden des Holocaust und sie hat veranlasst, dass alle 10. Klassen ein ehemaliges Konzentrationslager besuchen. Außerdem setzt Frau Tewes derzeit alle Hebel in Bewegung, damit aus ihrem Gymnasium eine „Schule ohne Rassismus" wird. Mit solchen Aktivitäten hat sie sich nicht nur Freunde gemacht. Manche Schüler und sogar einige Kollegen sehen in ihr eine antifaschistische Fanatikerin, die es zuweilen an der angemessenen Zurückhaltung und an der notwendigen Geduld fehlen lässt.

Vielleicht ist es deshalb kein Zufall, dass der stämmige Marvin ausgerechnet in ihrem Unterricht mit einem dunkelblauen T-Shirt erscheint und sich über seiner Brust der Schriftzug „Frei.Wild" spannt. Natürlich weiß Britta Tewes, dass es sich dabei um eine Band handelt, der eine verdächtige Nähe zum rechten Rand nachgesagt wird. Aber ihre Kenntnisse der Südtiroler Kultrocker sind viel zu dürftig, um auf Marvins offenkundige Provokation angemessen reagieren zu können. Deshalb macht sie sich nach Unterrichtsschluss im Internet kundig. Hier erfährt sie, dass der Frontmann der Band früher tatsächlich in der Neonazi-Szene unterwegs gewesen sein soll, dass er diese vermeintliche Jugendsünde angeblich aber bereut. Und trotzdem hat Frau Tewes ein ungutes Gefühl: Mit ihrer alpenländischen Heimattümelei bedient „Frei.Wild" eine Blut-und-Boden-Ideologie, wie sie von alten und neuen Rechten bevorzugt wird. Deshalb war es wohl kein Zufall, dass die Südtiroler von der Nominierungsliste des „Echo" wieder gestrichen und ihre Musik von vielen Sendern aus dem Programm genommen wurde.

Die Skepsis der wachsamen Lehrerin ist sehr wohl begründet: Auch wenn sich Gruppen wie die „Böhsen Onkelz" oder „Frei.Wild" offiziell aus dem rechten Lager verabschiedet haben, haben sie noch immer viele Fans in der rechten Szene. Oft werden ihre Logos daher von den Insidern als ein Signal der **Zugehörigkeit zur Szene** interpretiert. Offensichtlich geht es Marvin also tatsächlich darum, seine Lehrerin zu provozieren – ohne dafür belangt werden zu können.

Auf den ersten Blick kann sich Marvin auf der sicheren Seite fühlen: Mit seinem Bekenntnis zu den Rockern von „Frei.Wild" verstößt er weder gegen strafrechtliche Bestimmungen noch gegen die einschlägigen Vorschriften des Schulrechts. Ganz anders wäre das, wenn auf seinem T-Shirt ein Hakenkreuz oder eine SS-Rune zu sehen wäre. Hier hätte er sich der **Symbolsprache des Nationalsozialismus** bedient – und sich damit im strafrechtlichen Sinne schuldig gemacht. Denn in § 86a StGB ist geregelt, dass die Verbreitung nationalsozialistischer Kennzeichen mit einer Freiheitsstrafe bis zu drei Jahren geahndet werden kann.[8]

Ähnlich verhielte es sich, würde Marvin mit dem Schriftzug der NPD oder der „Jungen Nationaldemokraten" im Unterricht erscheinen. Denn die **Werbung für politische Parteien** ist z. B. an den bayerischen Schulen ausdrücklich verboten.[9] Hier wäre die Rechtslage ebenso eindeutig und Frau Tewes könnte entsprechend reagieren:

> *„Politische Werbung in Wort, Schrift und Bild ist in unseren Schulen nicht zugelassen, Marvin. Du wirst deshalb in der nächsten Pause das Zimmer der Schülervertretung aufsuchen und dir dort das offizielle T-Shirt unserer Schule ausborgen. Ich möchte dich jedenfalls nicht mehr mit diesem Schriftzug im Unterricht sehen."*

Inzwischen haben die Neonazis nach Mitteln und Wegen gesucht, um solche Verbote zu umgehen und sich trotz der eindeutigen Rechtslage zu ihrer Gesinnung zu bekennen. So bedient man sich in der rechtsextremen Szene inzwischen eines „Geheimcodes", bei dem einzelne Buchstaben durch Zahlen ersetzt werden, die auf ihre Stellung innerhalb des Alphabets verweisen. Auf den T-Shirts gibt man sich dann durch die **Ziffernfolge** „18" (= Adolf Hitler) oder „88" (= Heil Hitler) als Anhänger einer rechtslastigen Gesinnung zu erkennen. Ähnliches gilt für das **Logo des Textilversenders** „Thor Steinar", mit dem die Neonazis ebenfalls ihre Gesinnung zur Schau stellen; auch der Schriftzug der Firma „Lonsdale" gilt immer noch als eindeutiges Zeichen.

Lehrkräfte sind in der Pflicht, sich über solche Auswüchse der rechtsextremen Symbolsprache auf dem Laufenden zu halten. Dabei helfen die einschlägigen Seiten im Netz[10]. Sie tun aber auch gut daran, sich hier auf keine Diskussion mit den Schülern einzulassen und ihren semiotischen Verrenkungen erst gar nicht zu folgen. Frau Tewes sollte sich, wenn ein solcher Schriftzug auftauchen sollte, in ihrer Reaktion deshalb deutlich positionieren:

> *„Durch solche Tricks lasse ich mich nicht hinters Licht führen, Marvin. In der nächsten Stunde möchte ich dich nicht mehr mit diesem T-Shirt sehen. Unsere Schule bekennt sich in ihrem Leitbild zur Menschenwürde und zu den Grundwerten unserer Verfassung. Daran hast auch du dich zu halten."*

Dass sich Marvin mit seinem T-Shirt lediglich als Anhänger der Gruppe „Frei. Wild" zu erkennen gibt, macht die Sache um einiges komplizierter. Von Frau Tewes zur Rede gestellt, könnte sich der Schüler darauf berufen, dass sich die Südtiroler Heimatrocker inzwischen zu demokratischen Werten bekennen und sogar mit den „Kastelruther Spatzen" kooperieren. Hier sollte die Lehrerin eher das **persönliche Gespräch** als die öffentliche Zurechtweisung suchen:

> *„Mit Marvin möchte ich mich nach Ende des Unterrichts noch einmal unter vier Augen unterhalten."*

Jeder Versuch, den Schüler vor der ganzen Klasse zu stellen, müsste scheitern, weil sich Marvin doch nur auf einen formaljuristischen Standpunkt zurückziehen würde („Kein einziger Titel der Gruppe steht auf dem Index."), sodass Britta Tewes hier nur verlieren könnte.

Ein **Anruf** der Lehrerin bei ihrem Schüler könnte dagegen einiges klären. Und der würde ihr umso leichter fallen, wenn ein solches → **Monitoring** den Schülern schon vertraut wäre.

Nachgehakt und nachgefragt: Das Monitoring

Schüler haben Anspruch auf ein **regelmäßiges Feedback**, wenn sie sich weiterentwickeln und ihnen Ihre Beobachtungen dabei helfen sollen. Oft findet eine solche Rückmeldung aber nur dann statt, wenn sich ein Schüler danebenbenommen oder wenn er gegen geltendes Recht verstoßen hat. Mit dem Monitoring können Sie allen Schülern ein solches Feedback zukommen lassen, egal ob sich diese im Unterricht eher in den Vordergrund spielen oder ob sie eher zurückhaltend agieren.

Dazu suchen Sie sich für jede Stunde einen Schüler aus, dessen Mitarbeit und Verhalten Sie besonders sorgfältig beobachten. Natürlich sollen Sie sich nicht anmerken lassen, wer in dieser Stunde im besonderen Fokus Ihrer Aufmerksamkeit steht. In jedem Fall kann der betroffene Schüler damit rechnen, von Ihnen am späten Nachmittag angerufen und mit Ihren noch recht frischen Eindrücken konfrontiert zu werden. Die Schüler wissen, dass Sie sich dabei keiner inquisitorischen Befragung auszusetzen haben, sondern dass sie hier ein **Gespräch mit offenem Ausgang** erwartet.

Deshalb sollten Sie zunächst sicherstellen, dass die **Rahmenbedingungen** stimmen: So sollten Sie den Schüler fragen, ob das Gespräch ohne Zeit- und Termindruck geführt werden kann und sich darüber hinaus erkundigen, ob sich Ihr Gesprächspartner alleine im Raum befindet oder das Telefonat von der gesamten Großfamilie mitverfolgt wird.

Natürlich kann ein solches Gespräch auch nach Unterrichtsschluss in der Schule stattfinden, wenn der Schüler nicht direkt zu Hause erwartet wird. Achten Sie dann darauf, dass sowohl Sie als auch Ihr Gesprächspartner genug Zeit zum „Durchschnaufen" vor dem Termin haben.

Im Mittelpunkt des Gesprächs sollten Ihre **Beobachtungen** stehen – und das, was Ihnen der Angerufene dazu mitzuteilen hat. So kann es darum gehen, …

- welche Arbeitshaltung der Schüler an den Tag legt und wie sich diese in seiner Körpersprache und in seinem Mienenspiel niederschlägt.
- wie konzentriert er den Unterricht verfolgt, was sich schon an der Zahl seiner Nachbarschaftskontakte und am Umfang seiner Nebenbeschäftigungen ablesen lässt.
- wie engagiert er einzelne Arbeitsaufträge erledigt, weshalb Sie den Schüler in dieser Stunde mehrfach aufrufen und seine Beiträge sehr genau registrieren sollten.

- wie sich sein Sozialverhalten gestaltet, was sich im Rahmen einer Gruppen- und Partnerarbeit ebenso zeigt wie in Konfliktsituationen innerhalb der Klasse.
- welche Rolle er innerhalb des Klassenverbandes spielt und wie sich diese auf die Arbeitsatmosphäre und das soziale Klima in Ihrer Klasse auswirkt.[4]

Bei Ihren Gesprächen am Nachmittag werden Sie manche **Schüler nicht mehr wiedererkennen**: Wer sich im Unterricht gerne als aufgedrehter Derwisch präsentiert, verwandelt sich hier in einen ernsthaften und nachdenklichen Gesprächspartner. Und wer sich im Kreis seiner Mitschüler besonders cool und abgebrüht gibt, öffnet Ihnen vielleicht ganze Gefühlslandschaften. Aus der Distanz mehrerer Stunden lässt sich eben ganz anders miteinander reden als in der aufgeheizten und angestrengten Atmosphäre des Klassenzimmers.

Natürlich steht Ihnen frei, in welcher **Reihenfolge** Sie die Schüler Ihrer Klasse einem solchen Monitoring unterziehen wollen. Ihre Wahl sollte deshalb möglichst zeitnah auf solche Schüler fallen, mit denen Sie ohnehin das Gespräch gesucht hätten, weil sie in letzter Zeit z. B. einen sehr niedergeschlagenen Eindruck machen, sich ihre Leistungskurve signifikant nach unten neigt oder sich ihr Äußeres seit Kurzem augenfällig verändert hat. Im Rahmen des Monitoring lässt sich den **Ursachen** solcher Einbrüche und Abstürze auf den Grund gehen.

Das könnte auch für Marvin gelten: Über das Monitoring könnte Frau Tewes einen **ganz anderen Zugang** zu ihrem Schüler finden – von dem sie noch gar nicht weiß, ob der beanstandete Schriftzug seine Zugehörigkeit zu einer bestimmten Musikkultur dokumentiert oder ob er tatsächlich als Ausdruck einer rechtsextremen Gesinnung gemeint ist. Hier könnte ein Gespräch eröffnet werden, bei dem sich der Schüler nicht stigmatisiert und die Lehrerin nicht provoziert zu fühlen bräuchte und beide zu einer einvernehmlichen Lösung des Kleiderproblems kommen könnten.[11]

Niklas von Münchhausen

Für Herrn Clauss ist die Berlinfahrt der 10. Klassen mehr als ein Beitrag zur politischen und historischen Bildung. Er sieht seine Schüler hier in der Pflicht, sich auf das Tempo, die Anonymität und das Lebensgefühl einer ihnen fremden Metropole einzulassen. Auf dem Weg des Erwachsenwerdens könnte die Fahrt nach Berlin zu einer ganz wichtigen Station werden – davon ist der erfahrene Pädagoge überzeugt. Deshalb gönnt er seinen Schülern in Berlin auch viele Freiheiten, damit diese die Bundeshauptstadt auf eigene Faust entdecken und sich dabei mit den bunten, schrillen und skurrilen Seiten Berlins anfreunden können. Der Berlinaufenthalt ist bei Herrn Clauss deshalb auch eher von der Liberalität der langen Leine als von der Gängelei des kurzen Zügels geprägt. Und trotzdem geht es auch bei ihm nicht ohne gewisse Regeln: So wissen seine Schüler, dass sie sich spätestens um 24 Uhr im Quartier einzufinden haben. Und sie wissen auch, dass Matthias Clauss in dieser Hinsicht keinen Spaß versteht.

Mit einer gewissen Skepsis registriert der Lehrer, dass sich Niklas und seine beiden Freunde nicht an diese Abmachung halten und sie dem Lehrer um 0.32 Uhr lediglich eine reichlich kryptische SMS zukommen lassen: „Stecken in Polizeirazzia fest. Kommen deshalb später. Sorry." Herr Clauss ist entsprechend beunruhigt und findet zu seiner alten Gelassenheit erst wieder zurück, als die drei Schüler eine halbe Stunde später wohlbehalten und erstaunlich unaufgeregt im Jugendgästehaus eintreffen. Hier berichtet ihm Niklas davon, wie die drei tatsächlich in die Fänge der Berliner Polizei geraten sind. Sie berichten in aller Ausführlichkeit, wie sie mit raffinierten Ausreden verhindert haben, dass ihr Lehrer deswegen Schwierigkeiten bekommt und ihm seine großzügige Auslegung der Aufsichtspflicht zum Verhängnis wird. Herr Clauss schickt die drei Nachtschwärmer umgehend ins Bett. Ihm schwant, dass der fantasiebegabte Niklas ihm hier eine einzige Lügengeschichte aufgetischt hat. Schlimmer noch: Er befürchtet, dass Niklas sich vor seinen Mitschülern damit brüsten könnte, den Lehrer hinters Licht geführt und dadurch die eigene Haut gerettet zu haben.

Wie in vielen anderen Fällen gilt auch hier: Jedes schnelle Reagieren wäre die falsche Antwort. Zwar könnte Herr Clauss den eloquenten Niklas sofort zur Rede stellen, denn ein erfahrener Lehrer ist durch solche **Lügenmärchen** nicht zu beeindrucken:

„Niklas, diese Räuberpistole nehme ich dir nicht ab. Ihr seid nicht nur zu spät gekommen, sondern habt mich auch noch zu täuschen versucht. Zur Strafe seid ihr morgen schon um 22 Uhr im Quartier."

Durch diese Reaktion würde Niklas in eine **Opferrolle** gedrängt, die ihm seine Mitschüler nur allzu gerne abkaufen würden. Er würde ihnen weiszumachen versuchen, dass er den Lehrer durch sein Verhalten tatsächlich vor polizeilichen Nachstellungen bewahrt habe. Und er könnte sich des kollektiven Mitleids sicher sein, weil nun ausgerechnet er mit einem solchen Hausarrest belegt wird. Aus dem Übeltäter der letzten Nacht wäre bis zum nächsten Morgen ein mit dem Undank des Lehrers gestrafter Gutmensch geworden.

Deshalb sollte Herr Clauss warten, bis sich die nächtliche Münchhauseniade in der ganzen Klasse herumgesprochen hat. Dann allerdings sollte er klarstellen, dass er sich nicht für dumm verkaufen lässt und dass er den vermeintlichen Coup der drei Schüler längst durchschaut hat. So könnte er zum Abschluss der Fahrt in einem **kurzen Resümee** festhalten, was ihn in den vergangenen Tagen besonders gefreut oder geärgert hat:

„Ihr habt euch nicht davon beeindrucken lassen, wie aufdringlich, widersprüchlich und schrullig sich euch Berlin präsentiert hat. Ihr habt euch auf diese Stadt eingelassen und ihr habt sie euch zu eigen gemacht. Mit vielen positiven Erlebnissen im Gepäck werdet ihr morgen die Heimreise antreten. Die vermeintliche Heldentat, bei der sich drei Schüler aus den Fängen der Berliner Polizei haben befreien können, zähle ich ausdrücklich nicht dazu. Denn die war erlogen. Und ich finde: sogar sehr schlecht erlogen."

Mit dieser Bilanz kann sich Matthias Clauss wie ein Judoka fühlen, der die vorübergehende Unterlegenheit doch noch in einen Treffer verwandelt und der den Zweikampf schließlich als Sieger beendet. Er kann die späte Reaktion dazu nutzen, um seinen Schülern eine **Lehre zu erteilen**. In der Form des → **Tagebuchs** wird diese zum pädagogischen Prinzip.

Eine subjektive und selektive Chronik: Das Unterrichtstagebuch

Herr Clauss hat erkannt, dass die Schüler mit einem Disziplinkonflikt zeitversetzt ganz anders umgehen als unter dem Erwartungsdruck des Augenblicks.

Die Tradition des Unterrichtstagebuchs bedient sich dieser Erfahrung: Hierin können Sie alle **Eindrücke notieren**, die Ihnen in Erinnerung geblieben sind. Sie skizzieren den Verlauf einzelner Stunden und halten dabei in einer ebenso subjektiven wie selektiven Bilanz fest, …

- wie gut es Ihnen gelungen ist, Ihre Schüler für die Inhalte des Unterrichts zu begeistern.
- wie engagiert sich die Schüler am Unterricht beteiligt haben und wie sich ihre Arbeitshaltung im Verlauf der Woche entwickelt hat.
- wie es um die Disziplin im Unterricht bestellt war und welche Störungen die Atmosphäre im Klassenzimmer belastet haben.
- welche großen oder kleinen Ereignisse die Routine des Unterrichts aufgelockert haben und schon deshalb erwähnt werden sollten.
- welche Schüler sich durch kreative Ideen, kritische Beiträge oder soziale Gesten besonders hervorgetan haben.
- welche Verhaltensweisen das soziale Klima im Klassenzimmer beeinträchtigen und deshalb künftig unterlassen werden sollten.

Das **Unterrichtstagebuch dokumentiert** also, …

- wie gut die Schüler im Rahmen der Gruppenarbeit miteinander kooperiert haben und wie selbstständig sie inzwischen mit Wörterbuch, Atlas und Formelsammlung umzugehen wissen.
- wer einen kranken Mitschüler zu Hause besucht und wer den Klassenfrieden durch Gerüchte belastet hat.
- die Lehrprobe, den Feueralarm oder den Abi-Scherz, die in dieser Bilanz einer gemeinsamen Schulwoche nicht fehlen dürfen.

Seinen Zweck erfüllt das Unterrichtstagebuch nur dann, wenn es regelmäßig erscheint und wenn es **verlässlichen Vorgaben** folgt: So sollten die Schüler damit rechnen können, dass ein solches Unterrichtstagebuch jeweils in der ersten Stunde der Folgewoche vorliegt. Und sie sollten sich darauf verlassen können, dass hier kein Schüler mit seinem richtigen Namen erwähnt wird.

Schließlich sollen sich von den hier niedergelegten Impressionen nur die Schüler der Klasse angesprochen fühlen, nicht aber Kollegen, Eltern oder Geschwister. Deshalb erhält jeder Schüler zu Beginn des Schuljahres einen Codenamen, unter dem er sich dann in der Berichterstattung des Unterrichtstagebuchs wiederfindet.

Anders als vergleichbare pädagogische Eingebungen setzt das Unterrichtstagebuch auf das **Prinzip der Zeitverschiebung**: Erst aus der Distanz mehrerer Tage erfahren die Schüler, dass dem Lehrer eine dumme Bemerkung, eine solidarische Geste oder eine heimliche Untat nicht entgangen sind. Dieser zeitliche Abstand eröffnet ihnen die Möglichkeit, über das eine oder andere Ereignis noch einmal nachzudenken. Was spontan als toller Gag oder als mutige Aktion gefeiert wird, erscheint in der Retrospektive wohl eher als eine Dummheit, die man lieber unterlassen hätte.

Das Prinzip des Unterrichtstagebuchs lässt sich auch auf **einzelne schulische Projekte**, wie das Betriebspraktikum, den Schüleraustausch oder die Klassenfahrt anwenden. Auch hier erstellt der Lehrer eine Chronik der laufenden Ereignisse, die keinerlei Anspruch auf Vollständigkeit oder Objektivität erheben muss. So könnte auch Herr Clauss seine Eindrücke vom gemeinsamen Berlin-Aufenthalt in einem solchen Tagebuch festhalten. Über das angebliche Abenteuer der drei Nachtschwärmer wäre dann z. B. zu lesen:

> Ich bin gespannt, ob sich an diesem ersten Abend alle Schüler bis 24 Uhr bei mir zurückgemeldet haben. So war das ausgemacht – aber für Ebert, Schinkel und Dutschke scheint diese Abmachung nicht zu gelten. Erst gegen 1 Uhr trudeln die drei im Jugendgästehaus ein. Statt einer Entschuldigung tischen sie mir eine heiße Story auf: Sie seien in eine Razzia der Berliner Polizei hineingeraten und nur durch ihre cleveren Ausflüchte seien mir deswegen keine Unannehmlichkeiten entstanden. Ich kenne die Bundeshauptstadt besser und ich weiß, dass ein paar Jugendliche im nächtlichen Berlin noch kein Anlass für polizeiliche Nachforschungen sind. Mich enttäuscht nicht nur, dass die drei gegen getroffene Abmachungen verstoßen haben, sondern auch, dass sie mich obendrein für dumm verkaufen wollen. Mit der Rolle des gutgläubigen Lehrertrottels aber kann und will ich mich nicht anfreunden. Auch nicht eine Stunde nach Mitternacht.

Einmal Blauhemd, immer Blauhemd

Sabine Niemeyer hat nie einen Hehl daraus gemacht, dass sie ein „Kind des Ostens" ist. So kann sie die sächsische Einfärbung ihrer Sprache nicht verleugnen und zeigt wenig Neigung, Begriffe wie „Rekonstruktion" oder „Kollektiv" aus ihrem aktiven Wortschatz zu streichen. Und so ist es ihr kein bisschen peinlich, wenn sie wieder einmal „Hähnchen" und „Broiler" verwechselt oder „Konfirmation" und „Jugendweihe" in einen Topf wirft. Manchmal hält sie es sogar für einen Vorzug, in der ehemaligen DDR sozialisiert worden zu sein. So geraten Frau Niemeyer Stunden, in denen es um die Teilung Deutschlands und um das Innenleben des SED-Staats geht, zu besonders authentischen Lektionen gelebter Geschichte. Hier können die Schüler in Kinderbüchern aus der DDR blättern und sich sogar jenes Blauhemd überziehen, das die Lehrerin immer noch in ihrem Kleiderschrank verwahrt. Sie hat den Eindruck, dass Schüler und Kollegen diesen offensiven Umgang mit der eigenen Biografie zu schätzen wissen.

Doch Ingo aus der 10b scheint von so viel Offenheit wenig beeindruckt: Als ihm Frau Niemeyer nämlich Vorhaltungen wegen seiner dauernden Verspätungen macht, bekommt sie von dem 17-Jährigen zu hören: „Wir sind doch nicht in der DDR – auch wenn Sie das wahrscheinlich gerne hätten." In einem persönlichen Gespräch zur Rede gestellt, legt der im Austeilen erfahrene Schüler noch einmal nach: „Sorry. Aber ihr Stasi-Getue geht mir manchmal echt auf die Nerven."

Frau Niemeyer macht diese Haltung fassungslos. Ingo bedient sich hier einer Assoziationskette, die von ihrer ostdeutschen Herkunft auf den DDR-Staat und vom diesem auf den Terror der Staatssicherheit schließt. Das muss sich die Lehrerin nicht gefallen lassen. Sie sollte deshalb unbedingt darauf reagieren. So könnte sie **im Rahmen ihres Unterrichts** dazu beitragen, dass kein Schüler so leichtfertig von einem „Stasi-Getue" spricht:

> *„Ingo hat mir gestern vorgeworfen, euch gegenüber DDR-Methoden zu praktizieren und euch mit meinem Stasi-Getue zu nerven. Dabei wissen viele von euch gar nicht, was es mit dieser Stasi auf sich hatte. Das soll sich in dieser Stunde ändern. Denn heute ist die Stellung der Stasi im DDR-System unser Thema."*

Mit diesem Schritt hätte Frau Niemeyer beherzigt, dass eine persönliche Provokation nicht mit einem persönlichen Gegenangriff beantwortet werden sollte. Andernfalls wäre eine Eskalation des Konflikts ganz unvermeidlich. So unsachlich Ingo hier auch aufgetreten ist – so sachlich fällt die Reaktion der Lehrerin aus.

Weil es hier aber um ein sensibles Thema geht, wäre etwas mehr **Emotionalität** durchaus angebracht. Im Mittelpunkt des Unterrichts könnten deshalb ganz konkrete Schicksale stehen, wie sie inzwischen in zahlreichen Sachbüchern und Filmen dokumentiert sind:

> *„Ingo hat mich gestern in die Nähe der Stasi gerückt, weil ich ihm einige Regelverstöße vorgehalten habe. Ihr sollt selber beurteilen, inwieweit ein solcher Vergleich tatsächlich zutrifft. Dazu möchte ich euch heute eine Fernsehdokumentation vorführen. Hier geht es um Schüler in eurem Alter, die in die Fänge der Staatssicherheit geraten. Lasst uns anschließend darüber diskutieren."*

Frau Niemeyer haben Ingos Vorwürfe schwer getroffen. Es ist deshalb nur recht und billig, wenn sie darauf nicht cool und abgeklärt reagiert – sondern etwas von dieser **persönlichen Betroffenheit** durchscheinen lässt. Mit dem Medium des Films sollte ihr das besser gelingen als mit irgendwelchen Quellen, Statistiken und Strukturdiagrammen.

Vielleicht hat Sabine Niemeyer aber auch den Eindruck, dass sich in der Klasse schon seit Längerem ein gewisser Unmut angestaut und nur nach einem geeigneten Ventil gesucht hat. Ingos Angriff stände damit für den Versuch, dem **vorhandenen Unbehagen** eine Stimme zu geben. Auch in diesem Fall sollte Frau Niemeyer in die Offensive gehen und solchen Vorbehalten eine Plattform bieten. Sie sollte ihren Unterricht, aber auch ihre Person zur Diskussion stellen. Denn mehr als ein paar offene Worte hat sie dabei nicht zu fürchten:

> *„Ingo hat mich in der gestrigen Stunde scharf kritisiert und dabei wohl auch unter die Gürtellinie gezielt. Ich möchte euch beweisen, dass es solcher unfairer Mittel nicht bedarf, um mir die Meinung zu sagen. Mir ist es ja wichtig, wie ihr mich und wie ihr meinen Unterricht erlebt. Deshalb bitte ich euch heute um ein entsprechendes Feedback."*

Wie viele Lehrkräfte sollte Sabine Niemeyer keine Scheu davor haben, sich der Kritik ihrer Schüler zu stellen. Für einen professionellen Anspruch ist eine solche Rückmeldung sogar unverzichtbar. Damit daraus aber kein verlegenes Herumdrucksen wird, bedarf es aussagekräftiger und praktikabler Methoden, wie z. B. dem → **Feedback-Fließband**.

Kritik und Lob auf Umwegen: Das Feedback-Fließband

Die meisten Schüler ticken ganz anders als der forsche Ingo: Um eine **kritische Würdigung** Ihres Unterrichts gebeten, geben sie sich gerne diplomatisch – auch wenn ihr Urteil dadurch eher flach ausfällt. Manche Kritik sagt sich in einer gefälligen Verpackung eben leichter als in schroffer Unmittelbarkeit.

Mit dem Feedback-Fließband bieten Sie Ihren Schülern die Möglichkeit, sich in Bildern und Vergleichen zu äußern oder Beispiele und Zitate für sich sprechen zu lassen. So erhalten Sie ein **ehrliches Stimmungsbild** und müssen nicht länger darüber spekulieren, wie Ihr Unterricht und Ihre Person bei den Schülern ankommen.

Veranschlagen Sie für ein geplantes Feedback eine **ganze Unterrichtsstunde**. Weil sich im Rahmen des Feedback-Fließbands wirklich alle Schüler äußern sollen, darf eine solche Rückmeldung nicht im „Schweinsgalopp" abgewickelt werden. Damit die Kommunikation tatsächlich auf Augenhöhe stattfindet, werden außerdem alle Stühle zu einem **Sitzkreis** zusammengestellt.

Jeder Schüler erhält eine Karteikarte im DIN-A5-Format, auf der jeweils eine **Frage zur Gestaltung des Unterrichts oder zur Persönlichkeit des Lehrers** notiert ist. Dabei kann nach einer Eigenschaft, einem Namen, einem Zitat oder einer statistischen Zahl gefragt sein. Immer geht es darum, dass sich die Schüler nicht in Form plakativer Urteile, sondern eher auf Umwegen zu ihren Eindrücken äußern:

Welche meiner Unterrichtsmethoden bringt dir am meisten?	*Habe ich so etwas wie einen Lieblingsschüler? Wer könnte das sein?*	*Was vermisst du in meinem Unterricht am meisten?*
Welchen Spruch sollte ich mir lieber abgewöhnen?	*Welche der in meinem Unterricht geltenden Regeln empfindest du als zu streng?*	*Was sollte ich von dem Kollegen, der euch vorher in diesem Fach unterrichtet hat, übernehmen?*

Für welchen anderen Beruf als für den des Lehrers wäre ich sonst noch geeignet?	*Was schätzt du: Wie lange brauche ich im Durchschnitt, um eine Unterrichtsstunde vorzubereiten?*	*Wie viele Unterrichtsstunden in der Woche könntest du mich ertragen?*
Ich möchte in einem Werbespot mitwirken. Welches Produkt käme dafür in Frage?	*Als ich so alt war wie du: Mit welchem deiner Mitschüler dürfte ich die meiste Ähnlichkeit gehabt haben?*	*Welcher Partei könnte ich bei der letzten Bundestagswahl meine Stimme gegeben haben?*
In welcher Jahrgangsstufe dürfte mein Unterricht am besten ankommen?	*Welche Eigenschaft schätzt du an mir besonders?*	*Welches Thema ist mir im Rahmen meines Fachs besonders wichtig?*
Jeder Mensch hat ein Hobby. Welches würde am besten zu mir passen?	*Mit welcher Bemerkung bin ich eindeutig zu weit gegangen?*	*In welcher Situation hätte ich härter durchgreifen sollen?*
Welche Methode kommt in meinem Unterricht eindeutig zu kurz?	*Warum dürfte ich mich seinerzeit dazu entschlossen haben, Lehrer zu werden?*	*Mit welchem anderen Lehrer unserer Schule habe ich am meisten gemeinsam?*
In welcher Situation habe ich nach deiner Meinung überzogen reagiert?	*Wie würdest du mich einem Blinden beschreiben?*	*Welche meiner Eigenschaften sollte ich mir lieber abgewöhnen?*

Die Schüler **beantworten diese Fragen** schriftlich und anonym. Anschließend reichen sie die Karte an ihren rechten Nachbarn weiter. Dieser beantwortet die Frage ebenfalls und gibt sie dann wiederum seinem rechten Nebenmann. So kommt das Feedback-Fließband allmählich in Bewegung. Dabei kann es gut sein, dass sich in Ihrer Klasse aufgrund vieler kreativer und witziger Antworten schon bald eine aufgeräumte Stimmung breitmacht.

Wenn eine Karte wieder ihren Ausgangspunkt erreicht hat, wertet der zuständige Schüler die gesammelten Antworten aus und fasst das **Ergebnis** in möglichst kurzer Form zusammen. Anschließend tragen die einzelnen Schüler informativ und pointiert vor, was bei dieser Befragung herausgekommen ist. Selbstverständlich sind Ihnen als Lehrer Nachfragen erlaubt, aber einen ausführlichen Kommentar oder gar eine weitschweifige Rechtfertigung ihres pädagogischen Handelns sollten Sie sich lieber verkneifen. [12]

Das Feedback-Fließband kann auch Frau Niemeyer helfen, die **Stimmungslage** in ihrer 10. Klasse richtig einzuschätzen. Sie könnte so z. B. erfahren, dass sie von den Schülern als eine fachlich engagierte und methodisch versierte Lehrerin beurteilt wird, könnte aber auch heraushören, dass die Klasse in ihren ostalgischen Exkursen eher einen Tribut an die eigene Biografie als einen Beitrag zur zeitgeschichtlichen Grundbildung sieht.

Vor allem aber kann sie sich nach dieser Feedback-Stunde sicher sein, dass Ingos aggressives Auftreten von seinen Mitschülern ebenso unangemessen empfunden wird wie von Sabine Niemeyer selbst.

Kommentar überflüssig

Dass sich Markus Ullmer zu Beginn seines Referendariats dem Bayerischen Philologenverband angeschlossen hat, war eher ein Akt der Verlegenheit als eine wirkliche Überzeugungstat. Solange seine Verbeamtung aber noch nicht durch ist, kommt für ihn ein Austritt nicht in Frage. Dazu ist die Führungsetage des Verbandes mit dem Kultusministerium einfach zu gut vernetzt. So hat Herr Ullmer immer wieder Anlass, im aktuellen Heft von „Gymnasium in Bayern" zu blättern, der Mitgliederzeitschrift der konservativen Standesvertretung. Zwischen weitschweifigen Artikeln zu den runden Geburtstagen einzelner Funktionäre und Berichten über irgendwelche Verbandstage fiel sein Blick kürzlich auf einen Beitrag, der ihn doch nachdenklich stimmte: Unter der Überschrift „Adrette Erscheinung – sicheres Auftreten" wurde da der richtige Dresscode für den bayerischen Jungphilologen erörtert. Der Artikel gipfelte in der Aufforderung, sich vom Look vergangener Studententage zu verabschieden und jedes nicht mehr altersgerechte Styling einzustellen.

Irgendwie fühlt sich Herr Ullmer von der Message dieses Beitrags angesprochen – trotz des altväterlichen Tonfalls, in dem er gehalten ist. Jedenfalls ersteht er wenig später bei „Dengler & Himmelmann" eine ganze Kollektion neuer Oberhemden – in frischen Farben und mit zuweilen gewagten Karos. Seinen Schülern scheint diese Designumkehr nicht verborgen geblieben zu sein. So bekommt er am ersten Tag mit neuem Hemd von Moritz aus der 9a zu hören: „Wo haben Sie denn dieses Teil her?" Und zur Bekräftigung legt der nassforsche Schüler noch eins drauf: „Aus dem Stoff sind bei uns zu Hause die Geschirrhandtücher gemacht."

Keine Frage: Hier hat Moritz eine rote Linie überschritten. Mit seinen 15 Jahren sollte der Schüler wissen, dass er die **äußere Erscheinung** eines Lehrers nicht zu kommentieren hat: Ob Herr Ullmer übergewichtig oder spindeldürr ist, ob er sich regelmäßig rasiert oder einen Bart trägt, ob er seine Klamotten beim Herrenausstatter oder beim Discounter kauft – das alles hat seine Schüler nicht zu interessieren. Deshalb sollte sich Herr Ullmer hier auf **keine Diskussionen** einlassen, sondern den neugierigen Schüler mit dem gebotenen Nachdruck in die Schranken verweisen:

„Ich wüsste nicht, was dich das anzugehen hat, Moritz. Im Übrigen halte ich solche Kommentare grundsätzlich für unangebracht."

Freilich kann sich zwischen dem Lehrer und seinen Schülern ein eher lockerer, vielleicht sogar kumpelhafter Umgangston eingespielt haben. In diesem Fall könnte sich Markus Ullmer um einen **verbindlicheren Ton** bemühen – ohne seine **Abwehrhaltung** grundsätzlich aufzugeben:

> *„Privates sollte privat bleiben. Das haben wir bisher immer so gehalten und dabei sollten wir es auch in Zukunft belassen. Mit deiner Äußerung hast du gegen eine stillschweigende Übereinkunft verstoßen, Moritz. Und ich möchte nicht, dass sich das wiederholt."*

Vielleicht sind dieser Beleidigung des Lehrers auch vergleichbare Situationen vorausgegangen. Darauf sollte der Lehrer dann in seiner Antwort Bezug nehmen. Schließlich handelt es sich hier nicht nur um eine harmlose Frotzelei:

> *„Ich habe mich kürzlich eines Kommentars enthalten, als ein Schüler mit feuerroten Haaren im Unterricht erschienen ist. Und ich habe auch nichts gesagt, als sich ein anderer hier mit einem Lippen-Piercing präsentiert hat. Wie einer auftritt, das ist immer seine Privatsache – und das möchte auch ich für mich in Anspruch nehmen."*

Solche Reaktionen wären angemessen, weil der Lehrer hier das Fehlverhalten eines Schülers nicht unnötig aufbauschen und aus einem dummen Spruch **keine Staatsaktion** machen möchte.

Andererseits sollten sich Lehrer und Schüler irgendwann **darüber verständigen**, was die andere Seite überhaupt etwas anzugehen hat und wo ihre Belange nicht wirklich tangiert sind. So muss es den Lehrer nicht interessieren, in welcher Farbe die Haushefte seiner Schüler eingeschlagen sind. Sehr wohl geht es ihn aber etwas an, ob diese ihre Hausaufgaben termingemäß und vollständig vorlegen können. Und umgekehrt: Die Schüler haben kein Recht, sich für das ehrenamtliche Engagement ihres Lehrers zu interessieren. Es kann ihnen aber nicht egal sein, ob deswegen die Korrektur der Klassenarbeit oder der geplante Projekttag verschoben werden muss. Im Rahmen einer ➜ **Lehrer-Schüler-Konferenz** lassen sich solche berechtigten und unberechtigten Ansprüche untereinander abklären.

Was wen zu interessieren hat: Die Lehrer-Schüler-Konferenz

Bei der Lehrer-Schüler-Konferenz handelt es sich um ein nachhaltiges Projekt, das von dem amerikanischen Psychologen Thomas Gordon entwickelt wurde. Ursprünglich für den **Interessenabgleich** innerhalb der Familie konzipiert, wurde es von Gordon später auf die pädagogische Situation der Schule übertragen.[13] In einer abgespeckten Version lässt sich die Lehrer-Schüler-Konferenz in jeder Klasse durchführen – und das in einem zeitlich und organisatorisch vertretbaren Rahmen.

Dazu benennt zunächst jeder Schüler auf einer Karte ein Thema, über das es zwischen Ihnen und der Klasse immer wieder zu Auseinandersetzungen kommt. Auch Sie sollten jene Ärgernisse festhalten, die von Ihnen als **Streitpunkte und Konfliktanlässe** wahrgenommen werden.

Auf einer Pinnwand werden dann **drei Kategorien** ausgewiesen: „Was nur die Schüler etwas angeht ...", „Was nur den Lehrer etwas angeht ..." und „Was wir gemeinsam abzuklären haben ...".

Die Klassensprecher lesen vor, was die Schüler auf den einzelnen Karten festgehalten haben. Durch Zuruf wird dann entschieden, welcher der drei Kategorien die Karten zugeordnet werden. Gibt es dazu unterschiedliche Auffassungen, werden die entsprechenden Karten beiseitegelegt und später noch einmal aufgerufen. Lässt sich auch dann keine eindeutige Zuordnung herstellen, werden diese Karten automatisch der dritten Kategorie („Was wir gemeinsam abzuklären haben ...") zugeschlagen.

Anschließend werden die **Ergebnisse** der Lehrer-Schüler-Konferenz schriftlich festgehalten und vervielfältigt. So kann dieses Verfahren eines Interessenabgleichs künftigen Konflikten im Klassenzimmer vorbeugen. Denn inzwischen sind sich die Beteiligten ja einig, was die andere Seite jeweils zu interessieren hat – und wo sie sich lieber heraushalten sollte.

Dieses Verfahren ist zunächst auf die Situation des Regelunterrichts zugeschnitten. Es lässt sich aber auch auf **einzelne pädagogische Unternehmungen** anwenden – wie z. B. auf eine Klassenfahrt:

Was nur die Schüler etwas angeht:	Was wir gemeinsam abzuklären haben:	Was nur den Lehrer etwas angeht:
› Was in den Koffern und Taschen mitgeschleppt wird.	› Welches Programm für die Klassenfahrt vorgesehen ist.	› Welche Zeiteinteilung für die einzelnen Tage vorgesehen ist.
› Welche Schüler miteinander ein Zimmer teilen.	› Welche Programmpunkte verbindlich und welche frei wählbar sind.	› Welche Zimmer für die Jungen und welche für die Mädchen reserviert sind.
› Welche Ordnungsmaßstäbe hier gelten sollen.	› Wann die Schüler zu den Mahlzeiten zu erscheinen haben.	› Wem der Zutritt zum Leiterzimmer erlaubt ist.
› Wie die Schüler ihre Freizeit verbringen.	› An welchen Diensten sich die Schüler zu beteiligen haben.	› Wie lange der Lehrer die Nachtruhe der Schüler überwacht.
› Wofür die Schüler ihr Taschengeld ausgeben.	› Wie weit sich die Schüler in ihrer Freizeit vom Quartier entfernen dürfen.	› In welchen Fällen die Eltern kontaktiert werden.
	› Wie lange sich die Jungen in den Mädchenzimmern aufhalten dürfen – und umgekehrt.	› Welche Strafen bei einzelnen Regelverstößen gelten sollen.
	› Ab wann im ganzen Haus Nachtruhe herrschen soll.	
	› Wie der Genuss von Alkohol und Tabak geregelt sein soll.	

Dieses Beispiel einer Klassenfahrt belegt: Die Lehrer-Schüler-Konferenz dient in vielen Fällen lediglich der **Vergewisserung** ohnehin geltender Regeln. Sie legt fest, was den Beteiligten eigentlich längst klar sein sollte. So wird heute kein Lehrer mehr seinen Schülern eine Taschenkontrolle zumuten wollen. Und umgekehrt wird ihm wohl niemand streitig machen, dass er die Einhaltung der Nachtruhe persönlich kontrolliert. Für junge Menschen aber, die gerade dabei sind, ihre Spielräume auszuloten und sich ihre Grenzen aufzeigen zu lassen, muss auch **Selbstverständliches neu verhandelt** werden.

Das gilt auch für Moritz: Er hat sich auf ein Terrain vorgewagt, das zu respektieren eigentlich selbstverständlich sein sollte. Doch scheint er falsch eingeschätzt zu haben, worüber sich ein Schüler äußern darf und wo die **Privatsphäre** des Lehrers beginnt. Dass diese immer unangetastet bleiben sollte – das hätte er im Rahmen einer Lehrer-Schüler-Konferenz noch einmal lernen können.

Unter der Gürtellinie

Als langjährige Gymnasiallehrerin registriert Frau Knapp, dass sich die Übergabe der Abiturzeugnisse jedes Jahr ein bisschen glamouröser gestaltet. Reichte es ihrem Jahrgang noch, sich die Zeugnisse im Schulsekretariat aushändigen zu lassen, so scheinen die jungen Leute heute die Planung der Feierlichkeiten genauso wichtig zu nehmen wie die eigentliche Reifeprüfung. Schon in der 11. Klasse konstituieren sich Arbeitskreise, die die Abi-Feier, den Abi-Scherz, die Abi-Zeitung und die (inoffizielle) Abi-Fahrt nach Mallorca vorbereiten. In regelmäßig tagenden Plenarversammlungen werden die Zwischenergebnisse dieser Arbeitskreise diskutiert – bis dann unmittelbar nach den Abiturprüfungen jedes Mal die große Hektik ausbricht und die angedachten Projekte in vielen Nachtschichten ins Ziel gebracht werden müssen.

Das gilt auch für die Abi-Zeitung, in der die Steckbriefe sämtlicher Abiturienten ausgebreitet und mit zahlreichen Anekdoten und Lehrerzitaten garniert werden. Zunehmend gehen dort aber auch Umfragen ein, die unter den Schülern durchgeführt und von der Redaktion in Form eingängiger Säulen-, Balken- und Tortendiagramme aufbereitet werden. Diese Umfragen beschäftigen sich fast ausschließlich mit den in der Oberstufe eingesetzten Lehrkräften und deren pädagogischen und persönlichen Qualitäten.

Wie alle Lehrer interessiert auch Eva-Maria Knapp, wie sie in diesen Umfragen abschneidet. Sie kann zufrieden sein, dass sie hinsichtlich ihrer methodischen Kompetenzen auf einen guten Mittelplatz gewählt wurde und mit ihrem Fachwissen sogar ganz vorne liegt. Dass ihr „Sexy-Faktor" von den Abiturienten aber mit einem Wert von 0,1 bewertet wurde, empfindet sie als eine ziemliche Flegelei. Ähnliches gilt für die Tatsache, dass man sie beim „Ranking der ungepflegtesten Lehrkräfte" mit einem ersten Platz bedacht hat. Noch viel mehr ärgert sie aber, dass es offensichtlich keinerlei Handhabe gibt, gegen solche Geschmacklosigkeiten vorzugehen. Denn mit diesen Beleidigungen will sich Frau Knapp eigentlich nicht abfinden.

Das Gefühl der eigenen Ohnmacht würde Frau Knapp auch nach einer juristischen Klärung der Sachlage bleiben: Bei der Abi-Zeitung handelt es sich um eine jugendeigene Zeitung, die wie jedes andere Presseorgan den üblichen **medienrechtlichen Auflagen** unterliegt. Und hier wären die offenkundigen Verunglimpfungen der Abiturienten durch das Recht der **freien Meinungsäußerung** gedeckt. Der beanstandete Artikel ist zwar kein bisschen witzig – und doch würde ihn jeder Verwaltungsrichter als satirischen Beitrag durchgehen lassen. Frau Knapp bleibt also nur, sich bei den verantwortlichen Redakteuren über diese journalistische Entgleisung zu beschweren:

> *„Sie haben sich im Rahmen Ihrer Abi-Zeitung mit meiner Person befasst und in diesem Zusammenhang Bewertungen veröffentlicht, die ich als grob verletzend empfinde. Haben Sie bitte Verständnis dafür, dass es mir aus diesem Grund nicht möglich ist, an der feierlichen Überreichung der Reifezeugnisse teilzunehmen."*

Damit zieht die Lehrerin eine erste Konsequenz – aber sie bleibt damit offensichtlich allein. Viel wirkungsvoller wäre es, wenn die Beschwerde von **mehreren Lehrkräften** gemeinsam vorgetragen würde. Dann müsste auch die Schulleitung darauf reagieren. Und auch die Abiturienten müssten sich zu diesem Eingriff in die Persönlichkeitsrechte anderer äußern:

> *„Einzelne Passagen der diesjährigen Abi-Zeitung haben zu einer öffentlichen Bloßstellung einzelner Lehrkräfte geführt und die Grenzen des guten Geschmacks eindeutig überschritten. Damit haben die Abiturienten nicht nur den betroffenen Lehrkräften, sondern auch dem Ansehen unserer Schule geschadet. Wir erwarten deshalb, dass sich die Verantwortlichen für diese Entgleisungen entschuldigen. Andernfalls sehen wir uns gezwungen, der offiziellen Abiturfeier unserer Schule fernzubleiben."*

Hier ist die **Solidarität** des ganzen Lehrerkollegiums gefordert. Denn eine solche Resolution bleibt weitgehend wirkungslos, wenn sich ihr nur die unmittelbar Betroffenen anschließen. Sie kann aber wirklich etwas bewegen, wenn sie auch von Lehrkräften mitgetragen wird, die in der Abi-Zeitung von den Schülern geschont wurden oder in der Oberstufe überhaupt nicht eingesetzt sind.

Grundsätzlich kann eine solche Resolution den entstandenen Schaden nur begrenzen – vergessen machen kann sie ihn nicht. Auf längere Sicht sollte sich das Lehrerkollegium hier auf ein **präventives Vorgehen** verständigen. So könnte Frau Knapp im Rahmen der nächsten Lehrerkonferenz den folgenden Antrag einbringen:

> *„Es widerspricht dem Leitbild unserer Schule, wenn im Rahmen der Abi-Zeitung einzelne Persönlichkeiten bloßgestellt, denunziert und verunglimpft werden. Deshalb fordert die Lehrerkonferenz die Redaktion der Abi-Zeitung dazu auf, sich bei ihrer Arbeit von der Verbindungslehrerin für die Oberstufe beraten zu lassen und im Zweifelsfall auf solche Äußerungen zu verzichten."*

Diese Entschließung geht über einen allgemeinen Appell hinaus, weil damit ein ganz **konkretes Verfahren** verbunden wird. Andererseits stellt der Antrag klar, dass von der Verbindungslehrerin nur Empfehlungen zu erwarten sind, eine Zensur der Abi-Zeitung also auch für die Lehrerkonferenz nicht in Frage kommt.

Zu Recht beklagen sich die Schüler darüber, dass sie jahrelang gegängelt und entmündigt wurden, im Zusammenhang mit dem Abitur aber plötzlich **Selbstständigkeit und Eigenverantwortung** beweisen sollen. An vielen Beispielen wird deutlich, dass sie mit einem solchen Ernstfall überfordert sind. Im Zusammenhang mit den Abiturritualen hat sich z. B. ein ganzer Markt etabliert, auf dessen Verlockungen die Schüler immer wieder hereinfallen: So lassen sie von kommerziellen Anbietern sündhaft teure Abi-Shirts drucken, obwohl sie das in einem Copyshop wesentlich günstiger machen könnten. Sie verlegen die Abiturfeier in das teuerste Etablissement am Ort, obwohl die Aula der Schule dafür genauso geeignet wäre. Sie buchen bei einem Jugendreisebüro eine Flugreise nach Mallorca, obwohl sie auch bei einer Paddeltour auf heimischen Gewässern ihren Spaß hätten.

Offensichtlich fehlt es den jungen Leuten an **kompetenten Ratgebern und Unterstützern**, um die plötzlichen Freiheiten auch wirklich nutzen zu können. Kurz: Es fehlt ihnen an geeigneten → **Mentoren**.

Wenn sich junge Leute überfordert fühlen: Die Mentoren

In der Grauzone von pädagogischer Führung und persönlicher Freiheit sind junge Menschen auf **Helfer** angewiesen, zu denen sie ein Vertrauensverhältnis aufbauen und von deren **Lebenserfahrung** sie profitieren können. Für diese Aufgabe kommen Lehrkräfte eher nicht in Betracht – weil sie schon auf andere Rollen festgelegt sind.

Deshalb schauen sich manche Schulen inzwischen nach ehemaligen Schülern, aufgeschlossenen Nachbarn oder engagierten Senioren um, die die jungen Leute auf ihrem Bildungsweg begleiten. Als Mentoren unterstützen sie die Schüler, wenn ...

- diese auf eine andere Schule wechseln und ihnen dieser Übertritt Probleme bereitet.
- ihre Leistungen nachlassen und sie Angst haben müssen, das Klassenziel zu verfehlen.
- sie sich ein Projekt vorgenommen haben, das nicht an dem einen oder anderen Misserfolg scheitern darf.
- der Übertritt ins Berufsleben bevorsteht und die Schüler hier viele Unwägbarkeiten erwarten.
- sie vor einer Abschlussprüfung stehen und es ihnen an der notwendigen Motivation zum Lernen und zum Üben fehlt.

Die Mentoren verstehen sich nicht als Nachhilfelehrer, unter deren Obhut die Schüler versäumte Lektionen nachzuholen und punktuelle Sinnkrisen zu überstehen hätten. Eher geht es ihnen darum, **Hilfe zur Selbsthilfe** zu leisten. So sind nicht sie es, die ein Bewerbungsgespräch führen. Aber sie sehen es als ihre Aufgabe an, die jungen Leute im Rollenspiel auf eine solche Situation vorzubereiten. Auch fühlen sich die Mentoren nicht dazu berufen, für die Schüler eine Facharbeit zu verfassen. Aber sie unterstützen diese dabei, wenn geeignete Informationen zu sammeln, zu sichten und auszuwerten sind. Ihre Aufgabe ist das **Coaching**, wie es in vielen Lebenszusammenhängen ganz selbstverständlich, an unseren Schulen aber noch eher die Ausnahme ist.

Im Zusammenhang mit dem Abitur sollen die Schüler beweisen, dass sie über die ihnen zertifizierte Reife inzwischen tatsächlich verfügen. Deshalb werden sie hier gerne die Ratschläge und Tipps ihrer Mentoren in Anspruch nehmen. Das gilt für ganz **viele Aktivitäten** rund ums Abitur:

Was von den Abiturienten erwartet wird:	Wie sie dabei von den Mentoren unterstürzt werden können:
Sie sollen ein Logo für ihren Abiturientenjahrgang entwerfen.	Eine Mentorin, die Grafikerin ist, hilft ihnen beim Entwurf und berät sie bei der Wahl einer geeigneten Schriftart.
Sie sollen eine Homepage erstellen, auf der man sich über die geplanten Aktivitäten informieren kann.	Ein Mentor zeigt den Schülern, wie sich eine solche Webseite mithilfe eines handelsüblichen Baukastens montieren lässt, und verrät ihnen, wie man eine solche Homepage kostenlos im Netz platzieren kann.
Sie sollen ein T-Shirt mit ihrem Logo und mit allen Namen bedrucken.	Eine Mentorin kennt Internetanbieter, die sich auf den Druck solcher Shirts spezialisiert haben.
Sie sollen eine inoffizielle Abi-Feier für ihre Mitschüler und Lehrkräfte ausrichten.	Eine Mentorin vermittelt den Kontakt zu einem Sportverein, auf dessen Gelände die Party steigen kann. Ein weiterer Mentor hilft bei der Beschaffung der Biergarnituren, Sonnenschirme und des Kühlequipments.
Sie sollen nach Abschluss der Prüfungen eine Fahrt organisieren, an der möglichst viele Abiturienten teilnehmen können.	Ein Mentor ist Zimmermann. Er kann den Schülern zeigen, wie ein fahrtentaugliches Floß gebaut wird: Eine Floßfahrt ist schließlich jedem Badeurlaub vorzuziehen.
Sie sollen ihre alte Schule mit einem Abi-Scherz überraschen, der sich von den vertrauten Einfallslosigkeiten abhebt.	Eine Mentorin hat sich als Kulturanthropologin mit solchen Ritualen befasst und bietet den Schülern dazu einen Ideen-Workshop an.
Sie sollen eine Zeitung herausgeben, in der alle Abiturienten gewürdigt und die Höhepunkte der gemeinsamen Schulzeit bilanziert werden.	Eine Mentorin weiß als Journalistin, wie sich die Texte und das Layout professionell gestalten lassen. Ein weiterer Mentor ist so weit im Medienrecht bewandert, dass er die Zeitung auf juristische Fallen hin überprüft und die Redakteure auf menschliche Entgleisungen hinweist.

Sie sollen sich in Form eines Kunstwerks verewigen, das auf dem Schulgelände errichtet wird und professionellen Ansprüchen genügt.	Eine Mentorin arbeitet als Künstlerin viel mit Recycling-Materialien. Sie kann die Schüler bei der Errichtung einer Schrott-Skulptur anleiten.
Sie sollen sich im Rahmen eines öffentlichen Umzugs von den Bewohnern des Schulstandorts verabschieden.	Ein Mentor ist ein Funktionär des örtlichen Karnevalsvereins und kennt sich deshalb mit der Organisation von Umzügen aus. Ein weiterer Mentor hat Kontakt zu zahlreichen Landwirten, die ihre Zugmaschinen für einen solchen Umzug abtreten würden.
Sie sollen für die offizielle Überreichung der Reifezeugnisse eine Feier organisieren, zu der auch die Eltern und Lehrkräfte eingeladen sind.	Eine Mentorin erarbeitet zusammen mit einigen Schülern ein Finanzkonzept für die Abiturfeier. Ein weiterer Mentor hilft den Schülern dabei, die Pausenhalle des Gymnasiums in einen feierlichen Raum zu verwandeln und kann dabei auf seine Kenntnisse als Event-Manager zurückgreifen. Eine dritte Mentorin ist als Pastorin mit manchen rhetorischen Feinheiten vertraut und studiert mit einer Schülerin die Abiturientenrede ein. Eine vierte Mentorin unterstützt die Abiturienten bei der Planung und Koordination ihrer künstlerischen Beiträge.

Auch die Redakteure der Abi-Zeitung dürften die Empfehlungen ihres Mentors viel lieber beherzigen als jedes gute Zureden einer Lehrkraft. Denn deren Autorität ist ausschließlich **fachlich begründet**, bedient sich also keiner eingespielten Hierarchie.

Ein Mentor aber hätte den jungen Leuten wohl kaum dazu geraten, den Pflegezustand ihrer Lehrkräfte zu bewerten oder sich über deren „Sexy-Faktor" auszulassen.

2 Konflikte mit Eltern

Mit Bauchweh in die Schule

Bis zur höheren Beamtenlaufbahn war es für Frau Pabst ein weiter Weg. Und es hat sie manche Anstrengung und einige Opfer gekostet, bis sie endlich ihren Dienst als Lehrerin antreten konnte. Diese Erfahrung prägt bis heute ihren Unterrichtsstil. Denn Frau Pabst ist fest davon überzeugt: Ohne den nötigen Ehrgeiz und die geforderte Leistung geht gar nichts. Statt der ihr verhassten Kuschelpädagogik möchte sie die Schüler von Anfang an mit der Dialektik des Förderns und Forderns vertraut machen.

Das versucht sie, auch den Eltern ihrer 5. Klasse zu vermitteln, die sich wenige Wochen nach Beginn des Schuljahres zu einem ersten Elternabend versammelt haben. Hier geht es unter anderem darum, wie sie ihren Kindern bei den Hausaufgaben helfen und sich mit diesen auf die nächste Klassenarbeit vorbereiten können.

Da meldet sich ganz unvermittelt Severins Mutter zu Wort: „Seit mein Sohn bei Ihnen Mathe hat, geht er jeden Tag mit Bauchweh in die Schule.“ So viel Klartext hatte Roswitha Pabst beim ersten Elternabend nicht erwartet.

Als erfahrene Lehrerin findet Frau Pabst bald wieder zu ihrer alten Beredsamkeit zurück. Aber sie weiß auch, dass es für sie nicht ganz einfach wird, diesem Einwurf der Mutter wirkungsvoll entgegenzutreten. Für solche Fälle hat sich die Lehrerin ein **Vorgehen** zurechtgelegt, das auf **fünf Schritten** aufbaut und das auch Außenstehenden leicht zu vermitteln ist. Im Kollegenkreis lächelt man bereits über „Roswithas fünf Tibeter“.

In einem **ersten Schritt bedankt** sich Frau Pabst bei der Mutter für ihren kritischen Einwand. Schließlich ist sie auf solche Rückmeldungen angewiesen, wenn sich ihr Unterricht nicht in der eigenen Routine totlaufen soll:

> *„Ich bin sehr froh, dass Sie sich hier so offen und besorgt äußern. Denn gerade die Jungen geben sich im Unterricht gerne ganz cool. Was in ihnen wirklich vorgeht, das bleibt uns Lehrkräften oft verborgen. Deshalb bin ich Ihnen für dieses Feedback ausgesprochen dankbar.“*

Damit hat Frau Pabst einer möglichen Eskalation des Konflikt vorgebeugt: Sie hat der Mutter signalisiert, dass sie ihre Beobachtung ernst nimmt und sich deswegen nicht gleich angegriffen fühlt.

In einem **zweiten Schritt** klärt die Lehrerin ab, ob sie die Mutter richtig **verstanden hat**. Sie erweist sich damit als eine aktive Zuhörerin:

> *„Wenn ich Sie richtig verstanden habe, ist der Unterricht in Mathematik für Severin oft mit einem unguten Gefühl verbunden. Vielleicht versucht er, sich dieses Gefühl nicht einzugestehen. Aber an seinem Bauchweh lässt sich ablesen, wie stark ihn der Unterricht belastet."*

Auffallend ist, dass die Lehrerin hier nicht mehr von „meinem Unterricht" spricht, sondern ganz allgemein das Fach in den Vordergrund rückt. Damit nimmt sie sich selber aus der Schusslinie, kann sie auf die Vorhaltungen der Mutter eher sachlich antworten.

In einem **dritten Schritt** versucht Frau Pabst, Severins **Problemen** zusammen mit der Mutter **auf den Grund zu gehen**. Dafür wählt sie die Frageform:

> *„Könnte es sein, dass Ihr Sohn vor dem Mathematikunterricht Angst hat? – Dass er befürchten muss, sich hier vor den anderen zu blamieren oder von mir zurechtgewiesen zu werden? Oder dass er Angst davor hat, sich selbst zu überfordern und irgendwann den Anschluss ganz zu verlieren? – Sie kennen Ihren Sohn besser und können deshalb beurteilen, wo die Ursachen für seine Angst zu suchen sind."*

Die Lehrerin macht der Mutter hier ein Angebot: Sie konfrontiert sie mit unterschiedlichen Motiven und lässt sie darunter selber auswählen. Denn sie will die Mutter ja nicht verunsichern, sondern mit ihr gemeinsam nach einer Lösung suchen.

In einem **vierten Schritt** interessiert sich die Lehrerin dafür, welchen Anteil sie selber an der entstandenen Situation hat. Denn das **eigene Verhalten** lässt sich am ehesten ändern:

> *„Vielleicht könnte es sein, dass Severin Angst davor hat, eine falsche Antwort zu geben und deshalb vor der ganzen Klasse als Versager zu erscheinen. Ich erkläre den Schülern zwar immer wieder, dass Fehler wichtig und willkommen sind, um uns gemeinsam weiterzuentwickeln, aber offensichtlich ist das in der Klasse noch nicht so recht angekommen."*

Mit dieser Antwort stellt die Lehrerin klar: Es handelt sich hier vor allem um ein Vermittlungsproblem. Frau Pabst würde einem Schüler eine falsche Antwort niemals verübeln. Aber die Schüler sehen darin immer noch einen Makel, den ein sensibler Junge wie Severin nicht einfach abschütteln kann.

In einem **fünften Schritt** verständigen sich die Lehrerin und die Mutter darauf, was **jede in ihrem Bereich tun kann**, damit Severins Bauchweh möglichst bald einem angenehmen Gefühl in der Magengrube weicht:

> *„Ich will mir vornehmen, auch solche Schüler zu loben, die eine Aufgabe falsch gerechnet haben oder die über ein mathematisches Problem gestolpert sind. Nur über sie erfahre ich, woran es fehlen könnte und woran wir noch arbeiten müssen. Sie aber würde ich bitten, ihren Sohn nicht länger über seinen Leistungstand auszufragen. Lassen Sie ihn doch lieber von den vielen kleinen Ereignissen erzählen, die im Verlauf eines Schultages anfallen – aber nicht von den Hausaufgaben, Abfragen oder Klassenarbeiten. Dann wird sich auch seine Sicht der Dinge verschieben. Und vielleicht ist dann auch sein Bauchweh ganz bald vergessen. Bitte informieren Sie mich deshalb, wie sich Severins Befinden in nächster Zeit entwickelt."*

In fünf Schritten hat Frau Pabst den vermeintlichen Angriff der Schülermutter in eine sachliche, differenzierte und konstruktive Aussage verwandelt. Damit hat sie eine mögliche Eskalation des Konflikts aufgefangen und sich den Eltern als eine **fürsorgliche und nachdenkliche Lehrkraft** vorgestellt.

So richtig zufrieden kann Roswitha Pabst aber erst sein, wenn sich Severins Bauchweh ganz verzogen hat. Im Rahmen der morgendlichen **→ Welcome-Phase** bekäme sie das bestimmt mit.

Erst einmal ankommen, bevor es richtig losgeht: Die Welcome-Phase

Viele Schüler sind von der bisher geübten Praxis des Unterrichtsbeginns überfordert: Während die Begrüßung der Lehrkräfte besonders markig ausfällt, sind die Schüler im Unterricht noch gar nicht so richtig angekommen. Während sie die ersten Aufgaben rechnen, die ersten Sätze schreiben oder die ersten Dialoge übersetzen sollen, haben sie noch mit dem Wachwerden zu kämpfen. Deshalb fühlen die Jugendlichen sich von der **Dynamik des Anfangs** erschlagen, beginnt der Schultag für sie mit einer einzigen **Überforderung**.

Um dies zu ändern, könnten auch Sie sich der Praxis mancher Kollegen anschließen, die das Klassenzimmer bereits 20 Minuten vor Unterrichtsbeginn aufschließen, um ihren Schülern die von ihnen entbehrte **Zeit des Ankommens** zu ermöglichen.

Lehrkräfte, die eine solche Welcome-Phase eingeführt haben, werden es bald als ganz normal empfinden, dass ...

- die Schüler diese Zeit zum Innehalten und zum Nachdenken nutzen.
- sie sich über ihre Freizeiterlebnisse, Internetkontakte und Familienkonflikte austauschen.
- sie sich auf den neuen Tag einstimmen und auf die vor ihnen liegenden Herausforderungen vorbereiten.
- dass sie die unorganisierte Zeit aber auch nutzen, um Ihnen als Lehrkraft etwas mitzuteilen.

Die Schüler wünschen sich die Schule als einen sozialen und kommunikativen Ort. Allerdings wird diese solchen Erwartungen nur selten gerecht: Das Gespräch mit anderen Schülern wird als Störung des Unterrichts sanktioniert. Und auch die Lehrkräfte sind in der Umtriebigkeit von Stundenwechsel und Pause für die Schüler nicht wirklich erreichbar. Deshalb bedarf es eigener Zeitfenster, in denen die sonst vernachlässigte **Kommunikation** ins Zentrum rückt. Mit der Welcome-Phase richten Sie Ihren Schülern ein solches **Zeitfenster** ein.

Und es bedarf nur weniger **Regeln**, wenn dieses Angebot nicht missbraucht werden soll:

§ 1 Das Klassenzimmer wird täglich um 7.40 Uhr geöffnet und steht den Schülern der Klasse 7b bis zum Unterrichtsbeginn zur Verfügung. Schüler anderer Klassen dürfen sich hier während der Welcome-Phase nicht aufhalten.

§ 2 Die Schüler verhalten sich während der Welcome-Phase so ruhig, dass andere nicht gestört werden. Der Gebrauch elektronischer Medien ist nicht zulässig.

§ 3 Das Essen und Trinken während der Welcome-Phase ist ausdrücklich erlaubt. Die Schüler haben während dieser Zeit Gelegenheit zum Teekochen. Der Ordnungsdienst räumt später die Kochstelle auf.

§ 4 Es ist den Schülern der Klasse 7b während der Welcome-Phase möglich, sich noch einmal mit dem aktuellen Schulstoff zu beschäftigen. Das Abschreiben von Hausaufgaben aber ist nicht erlaubt.

§ 5 Die Klassenlehrerin steht den Schülern in der Welcome-Phase als Ansprechpartnerin zur Verfügung. Die Gespräche mit der Lehrerin müssen so geführt werden, dass die anderen davon nichts mitbekommen.

Auf den ersten Blick bedeutet die Einrichtung einer solchen Welcome-Phase für die Lehrkraft eine weitere zeitliche Belastung – für die es keinerlei Anrechnung oder Vergütung gibt. Es macht aber keinen großen Unterschied, ob Sie sich im Lehrerzimmer auf die vor ihnen liegenden **Stunden einstimmen** oder ob Sie das im Kreis Ihrer Schüler erledigen.

Darüber hinaus bekommen Sie während der Welcome-Phase mehr über das **Binnenleben Ihrer Klasse** mit als in jeder Unterrichtsstunde: Sie registrieren, wer besonders viele Kontakte unterhält und wer eher mit sich selbst beschäftigt ist. Sie nehmen wahr, wer die anderen mit seiner guten Stimmung ansteckt und wer von diesen eher aufgebaut werden muss. Sie bemerken, wer auffallend oft das Gespräch mit Ihnen sucht und wer sich von Ihnen weitgehend fernhält.

Solche Beobachtungen erleichtern Ihnen den Umgang mit Ihrer Klasse und lohnen deshalb den zusätzlichen Einsatz. Allerdings bietet sich die Welcome-Phase am besten für Schularten an, in denen das **Klassenlehrerprinzip** vorherrscht. Als Fachlehrer mit nur wenigen Stunden in der Klasse wären Sie wohl kaum in der Lage, auf Ihre vor Unterrichtsbeginn gesammelten Eindrücke angemessen zu reagieren. In diesem Fall könnte der Klassenlehrer zunächst in der Klasse die Welcome-Phase anbieten und dann dem Fachlehrer die Klasse „übergeben", bevor er zum Unterrichtsbeginn in seine Lerngruppe wechselt.

Im Rahmen der Welcome-Phase könnte Severin seine Klassenlehrerin ganz anders erleben: Eher unterstützend als fordernd, eher an seiner Person als an seinen Leistungen interessiert. Auf dieser Basis kann ein **Vertrauen wachsen**, das Severin auch den Unterricht entspannter erleben lässt. So könnte er sich der nächsten Mathematikstunde auch ohne Bauchweh nähern. Und Frau Pabst müsste nicht erst von der Mutter erfahren, wie ihr Unterricht dem verunsicherten Jungen zusetzt. Die Welcome-Phase würde es Severin erleichtern, darüber mit seiner Lehrerin ins Gespräch zu kommen.

Nichts sehen, nichts hören, nichts merken

Der Anonymität und dem Konkurrenzdruck unserer Gesellschaft setzt Frau Hirthammer ganz bewusst das Prinzip des sozialen Lernens entgegen: Für sie ist die Schule ein Ort, an dem sich junge Menschen in Solidarität, Teamfähigkeit und Empathie üben können. Deshalb gibt sie dem kooperativen Lernen in ihrem Unterricht breiten Raum und macht den Umgang mit anderen in ihren Stunden immer wieder zum Thema.

So ist der Kummerkasten in ihrer Klasse eine feste Einrichtung, weil hier die Schüler ihre Probleme mit dem Zusammenleben aufschreiben können und diese dann im Rahmen des Klassenrats aufgearbeitet werden. Sie bittet einzelne Schüler immer wieder auf den „Heißen Stuhl", wo diese sich der Anerkennung und der Kritik ihrer Mitschüler zu stellen haben. Mit diesem Engagement für das soziale Lernen hebt sich Christel Hirthammer wohltuend von den meisten ihrer Kollegen ab – die allesamt wenig Neigung zeigen, die angeblich unverzichtbare Unterrichtszeit für solches „Gedöns" zu opfern.

Umso betroffener hat Christel Hirthammer der Verlauf des letzten Elternabends gemacht. Denn hier beschwerten sich zwei Mütter lautstark darüber, ihre Töchter würden von den anderen Mädchen gemieden, über die beiden würden unschöne Gerüchte gestreut und diese würden auch noch über das Internet verbreitet. Es dauerte nicht lange, bis der Elternabend beim Thema „Mobbing" angekommen war und die beiden Mütter von den anderen Eltern unterstützt wurden. Die hysterische Eigendynamik des ganzen Abends gipfelte im Frontalangriff eines Schülervaters, der sich die engagierten Lehrerin persönlich vorknöpfte: „Frau Hirthammer, Sie beobachten die Klasse unserer Kinder jetzt über ein halbes Jahr. Behaupten Sie jedenfalls. Wie kann es dann sein, dass Sie von diesem Mobbing überhaupt nichts mitbekommen haben?"

Dem triumphierenden Blick und der nicht ungeschickten Rhetorik des Vaters hatte Christel Hirthammer zunächst nicht viel entgegenzusetzen. Erst zu Hause wurde ihr bewusst, dass sie diese Attacke besser an Ort und Stelle pariert hätte.

Mit dem Vorwurf des „Mobbing" geht die Lehrerin eher zögerlich um. Ihrer Erfahrung nach wird dieser Begriff viel zu unpräzise und viel zu undifferenziert verwendet, als dass sich damit die **Probleme einer Klasse** adäquat beschreiben ließen. Es handelt sich eben noch nicht um Mobbing, wenn eine Freundschaft in die Brüche geht oder wenn unterschiedliche Gruppen miteinander konkurrieren. Und es liegt auch kein Fall von Mobbing vor, wenn ein Schüler immer wieder zur Ordnung gerufen wird oder wenn er sich der Kritik seiner Mitschüler zu stellen hat. In der Kommunikation mit Schülern, Eltern und Kollegen verzichtet Frau Hirthammer deshalb ganz auf diesen so unscharfen Begriff. Stattdessen möchte sie herausbekommen, welche **konkreten Beobachtungen** damit verbunden sind. Am leichtesten gelingt ihr das im Gespräch mit den Schülern:

> *„Ihr habt mir davon berichtet, dass in eurer Klasse immer wieder Fälle von Mobbing vorkommen. Das nehme ich sehr ernst. Vielleicht erzählt ihr mir aber erst einmal, wie ich mir dieses Mobbing vorzustellen habe. Was geschieht da im Einzelnen? Wer ist davon betroffen? Was könnte der Auslöser sein? Wie oft passiert so etwas? Und warum bekomme ich davon nichts mit? Das möchte ich ganz genau wissen."*

Schüler bedienen sich dieses Begriffs, weil sie mit anderen Kategorien sozialer Spannungen nicht vertraut sind. Deshalb sollte man ihnen eine Brücke bauen, die sie vom abstrakten Vorwurf zum konkreten Beispiel führt.

Unter den **Lehrkräften** ist es oft reine Gedankenlosigkeit, die die Kollegen von „Mobbing" sprechen lässt. So kann Frau Hirthammer im Lehrerzimmer gesagt bekommen, in ihrer Klasse sei Mobbing an der Tagesordnung – und man wundere sich doch, wie locker sie damit umgehe. In diesem Fall sollte die Lehrerin daran erinnern, dass dieser Tatbestand an strenge Kriterien geknüpft ist und dass diese im schulischen Kontext nur selten vorliegen:

> *„Mobbing? Davon spricht man doch, wenn einzelne Schüler einer bestimmten Eigenschaft wegen von den anderen ausgegrenzt werden und wenn sie viel zu schwach sind, um sich dagegen wehren zu können. Nach meiner Beobachtung ist das in meiner Klasse aber nicht der Fall. Vor allem kann ich nicht erkennen, dass sich die eine oder andere Schikane wirklich über einen längeren Zeitraum hinzieht. Das wechselt in meiner Klasse doch ständig."*

Vielleicht stehen die Kollegen der inflationären Verwendung des Begriffs genauso skeptisch gegenüber wie Frau Hirthammer. Dann wäre eine solche Aufklärung gar nicht nötig.

Demgegenüber müssen viele **Eltern** erst lernen, dass sie nicht voreilig von Mobbing sprechen sollten, nur weil es innerhalb der Klasse immer wieder zu Konflikten kommt und weil sie diese nicht präziser benennen können. Statt sich als ahnungslose und unsensible Klassenlehrerin vorführen zu lassen, sollte Christel Hirthammer deshalb lieber die Eltern in die Pflicht nehmen:

„Dass es zwischen einzelnen Schülern Ärger gibt, das kommt immer wieder vor. Sie aber sprechen hier von „Mobbing". Dieser Vorwurf wiegt ungleich schwerer. Was veranlasst Sie zu der Annahme, dass die beiden Mädchen von den anderen gemobbt werden?"

Mit dieser Reaktion spielt Frau Hirthammer den Ball den beiden unzufriedenen Müttern zu: Jetzt müssen diese erklären, wie ihre Töchter von den anderen Mädchen gepiesackt werden und warum sie hier eine systematische Ausgrenzung vermuten. So kann es sein, dass die beiden grundsätzlich im Doppelpack auftreten und deshalb den Anschluss an die anderen Mädchen verloren haben. Das könnte der Grund dafür sein, dass sie nicht zu den Geburtstagspartys eingeladen werden und dass niemand im Schullandheim mit ihnen das Zimmer teilen will. Deshalb muss darüber gesprochen werden – auch im Rahmen eines Elternabends.

Der Klassenlehrerin bleibt dann nur die Feststellung, dass das **Problem erkannt** wurde und dass dieses nur **zusammen mit den Schülern gelöst** werden kann:

„Ich danke Ihnen, dass Sie von den Problemen Ihrer Töchter berichtet haben. Wir alle haben großes Verständnis, dass Sie sich große Sorgen machen. Denn diese Sorgen sind berechtigt, auch wenn hier mit Sicherheit kein Fall von Mobbing vorliegt. Halten wir doch einfach einmal fest, dass sich Ihre Töchter derzeit in ihrer Klasse nicht wohlfühlen. Und überlegen wir gemeinsam, wie sich das ändern lässt. Ich bin mir ganz sicher, dass die ganze Klasse zu einer Lösung des Problems beitragen möchte. Deshalb sollten wir den Schülern die Chance geben, hier selber aktiv zu werden. Von außen lassen sich solche Spannungen wohl kaum auflösen."

Nachdenklich macht Christel Hirthammer allenfalls, dass sie von alledem nichts mitbekommen hat. Und dass manche Eltern den Eindruck haben, die Klassenlehrerin sehe nichts, höre nichts und merke nichts. Vielleicht hat sie sich bisher zu sehr mit den Aktiven, den Lauten und den Starken in ihrer Klasse beschäftigt – die Stillen, Unauffälligen und Zurückhaltenden aber eher übersehen. Das könnte tatsächlich ein Problem sein. Der → **Durchgang** könnte Frau Hirthammer dabei helfen, die **Wahrnehmung ihrer Klasse** breiter zu streuen und dabei auch die eher unscheinbaren Schüler in den Blick zu nehmen.

Schüler wie Mitarbeiter behandeln: Der Durchgang

In vielen Betrieben ist das **Mitarbeitergespräch** zu einer festen Einrichtung geworden. Hier finden regelmäßige Treffen der Abteilungsleiter mit einzelnen Beschäftigten statt, um sich über die betriebliche Einsatzplanung, die Situation am Arbeitsplatz oder die Entwicklung des Betriebsklimas auszutauschen. Ein solches Treffen braucht keinen unmittelbaren Anlass; und gerade das kommt einer unaufgeregten Gesprächsführung zugute.

Der Durchgang ist ganz ähnlich angelegt: Auch hier laden Sie jeden Schüler Ihrer Klasse **einmal im Halbjahr zu einem Gespräch** ein – aber ohne dass er etwas ausgefressen hätte oder durch besondere Leistungen aufgefallen wäre. Es war Georg Friedrich Wilhelm Hegel, der als Leiter eines Nürnberger Gymnasiums die Idee zu einem solchen Gesprächsangebot hatte und der seine 126 Schüler deswegen regelmäßig einbestellte. Allerdings gestaltete sich der Durchgang unter dem gestrengen Rektor als ein wenig erfreulicher Rapport: „Jedem Gymnasiasten wurde das Fehlerhafte oder noch nicht Tadelfreye in seinen Heften und Arbeiten nachgewiesen und ihm gezeigt, wie er es bey größerer Aufmerksamkeit in den Lehrstunden und angestrengterem Fleiß leicht hätte vermeiden können.“ [14]

Heute sollte sich der Durchgang durch eine eher freundschaftliche und demokratische Atmosphäre auszeichnen. Dennoch gelten auch hier **Regeln**, die von beiden Seiten einzuhalten sind. So macht es Sinn, dass …

- die Schüler einen Brief des Klassenlehrers erhalten, in dem sie zu einem solchen Durchgang eingeladen werden.
- der Durchgang nicht im Klassenzimmer stattfindet, sondern in einem intimeren Raum und in einem gefälligeren Ambiente.
- die Zeit für den Durchgang auf eine halbe Stunde begrenzt wird, weil das den Gesprächsfluss beschleunigt.
- sich Lehrer und Schüler vorab auf eine Tagesordnung einigen, in die sich beide mit ihren Themen einbringen können.
- für den Durchgang absolute Vertraulichkeit vereinbart wird und dass sich beide Seiten daran halten.
- im Rahmen des Durchgangs verbindliche Absprachen getroffen und diese später gemeinsam überprüft werden.
- der Schüler über die Ergebnisse des Durchgangs ein Protokoll anfertigt und dieses vom Lehrer gegengelesen wird.

Auf die **Tagesordnung** gehört alles, was den Gesprächsteilnehmern relevant erscheint. Die Erfahrung zeigt, dass der Austausch zwischen Lehrer und Schüler meistens um die folgenden Themenschwerpunkte kreist:

Themenschwerpunkte	Beispiele
Leistungsstand	› Lieblingsfächer und Problemfächer › Abfall schulischer Leistungen › Angst vor dem Sitzenbleiben
Schullaufbahn	› Übertritt auf eine andere Schule › ein Jahr im Ausland › externe Abschlussprüfung
Arbeitsverhalten	› Erfüllung schulischer Pflichten › Lern- und Arbeitsmethoden › Disziplinkonflikte im Unterricht
Klassengemeinschaft	› Integrationsprobleme › Gruppen- und Cliquenbildung › Mobbing in der Klasse
gemeinsame Unternehmungen	› berufsvorbereitendes Praktikum › Schüleraustausch › Klassen- und Abschlussfahrt
Freizeitverhalten	› knappes Zeitbudget › zeitintensive Hobbys › fragwürdiger Freundeskreis
Familiensituation	› räumliche Enge › ehrgeizige Eltern › Rivalitäten unter Geschwistern
persönliche Perspektiven	› Suche nach einem Ausbildungsplatz › Probleme bei der Berufsfindung › Wechsel des Wohnorts

Tatsächlich werden Sie im Rahmen eines solchen Durchgangs viele **Dinge erfahren**, zu denen sich im Morgenkreis oder im Klassenrat niemand äußern möchte. Das gilt vor allem für die Familiensituation der Schüler oder ihre Stellung innerhalb des Klassenverbands. So würden die beiden Mädchen wohl warten, bis sie zu einem solchen Durchgang eingeladen werden, um hier der Lehrerin von dem vermeintlichen Mobbing zu erzählen.

Dennoch kann der Durchgang wie ein **Frühwarnsystem** funktionieren, über das Sie von heimlichen Ängsten und latenten Konflikten erfahren. Deshalb profitieren davon auch die beteiligten Lehrkräfte, rechnet sich für sie auch der zusätzliche Zeitaufwand, der mit diesem Angebot verbunden ist. So hätte sich auch Frau Hirthammer mit den Mobbing-Vorwürfen auseinandersetzen können, bevor sie von den Eltern darauf angesprochen wurde. Und es wäre ihr erspart geblieben, diese Vorwürfe ungeprüft übernehmen zu müssen.

Der Durchgang hilft den Schülern, ihre Probleme loszuwerden – und er hilft Ihnen, um von ihren Nöten zu erfahren.

Komasaufen inbegriffen

Auf die Fahrt zum niedersächsischen Wattenmeer hat sich die 9a schon lange gefreut. Und auch Herr Seidel ist sich sicher, dass diese Exkursion für alle zu einem ganz großen Erlebnis wird. Er hat für seine Klasse ein romantisches Quartier in Carolinensiel gebucht, eine Wanderung durch das Watt organisiert und einen Vertreter der Nationalparkverwaltung als Gesprächspartner verpflichten können. Die Schüler dürfen sich sogar darauf freuen, mit einem historischen Segelkutter auf Entdeckungsreise zu gehen und dabei das Treiben auf einer Seehundbank zu beobachten. So soll ihnen die Begegnung mit einer anderen Landschaft, einer anderen Kultur und einer anderen Mentalität helfen, sich neuen Horizonten zu öffnen.

Eine Woche, bevor die Klasse an die Nordsee aufbricht, erreicht Thorsten Seidel der Brief einer Schülermutter. Korrekt in der Form, aber kompromisslos im Inhalt teilt sie dem Lehrer mit, dass ihr Sohn Marius an der geplanten Klassenfahrt nicht teilnehmen wird. Die Mutter begründet diesen Schritt mit den Auswüchsen, die bei dieser Fahrt zu befürchten sind: „Ich habe allen Anlass, dem Verlauf der Exkursion mit Sorge und Argwohn entgegenzusehen. So ist zu befürchten, dass das ganze Unternehmen zu einem einzigen Komasaufen ausartet. Schließlich ist an der ganzen Schule bekannt, dass Sie die Klasse meines Sohnes nicht wirklich im Griff haben und solchen Auswüchsen deshalb wohl kaum Einhalt gebieten könnten." Der als engagierter und kreativer Pädagoge geschätzte Thorsten Seidel empfindet solche Äußerungen als ebenso unbegründet wie ehrverletzend. Und es stößt ihm bitter auf, dass mit gleicher Post auch der Schulleiter eine Abschrift dieser Anwürfe erhält.

Zu Recht empfindet Herr Seidel dieses Schreiben der Mutter als eine **Provokation**, die er so nicht hinnehmen kann. Besonders ärgert ihn, dass sie ihm ihre Befürchtungen nicht in einem persönlichen Gespräch vorgetragen hat, sondern dass sie mit ihrem Brief **Fakten schafft** und den Lehrer darüber hinaus auch noch bei seinem Dienstvorgesetzten denunziert.

Hätte die Mutter Herrn Seidel ihre Bedenken im Rahmen seiner **Sprechstunde** vorgetragen, hätte sich der im Anfangsstadium befindliche Konflikt vielleicht ganz unaufgeregt aus der Welt schaffen lassen:

„Woran machen Sie eigentlich die Vermutung fest, ich hätte die Klasse nicht im Griff? Welche Beobachtungen unterstützen Sie in dieser Einschätzung? Und in welcher Situation hätte ich Ihrer Meinung nach eingreifen sollen?"

Vielleicht hätte ihm die Mutter dann berichtet, welche Gerüchte über Herrn Seidel und seine Pädagogik im Umlauf sind. Und der Lehrer hätte diese Legenden den Fakten gegenüber stellen können: dass seine Methoden den Schülern zwar oft viel Freiraum geben, er jedoch die Rahmenbedingungen sehr genau festlegt und darauf achtet, dass diese eingehalten werden. Über den Flurfunk einer Schule werden oft unscharfe Informationen und ungesicherte Nachrichten verbreitet. Und es wäre durchaus möglich, dass Thorsten Seidel zum Opfer solcher Verdächtigungen geworden sein könnte.

Vielleicht hätte die Mutter aber auch den nächsten **Elternabend** abgewartet, um den Lehrer öffentlich bloßzustellen und ihn als „pädagogisches Weichei" erscheinen zu lassen. In diesem Falle hätte sich auch die Tonart des Lehrers verschärfen müssen. Denn niemand möchte sich nachsagen lassen, seine Klasse nicht im Griff zu haben und den alkoholischen Exzessen seiner Schüler nichts entgegensetzen zu können oder wollen:

„Die Schulordnung schreibt vor, dass der Genuss von Alkohol und Nikotin im Rahmen schulischer Veranstaltungen grundsätzlich zu unterbleiben hat. Weil es sich bei einer Klassenfahrt um eine schulische Veranstaltung handelt, ist der Fall für mich klar. Darauf habe ich Sie bereits im Rahmen des letzten Elternbriefs hingewiesen und die Schüler wissen das sowieso. Zurückweisen muss ich darüber hinaus den Vorwurf, ich würde den Schülern zu vieles durchgehen lassen. Sie werden mir in keinem einzigen Fall nachweisen können, dass ich eine Verletzung schulrechtlicher Vorschriften geduldet oder sogar gefördert hätte. Wenn sie trotzdem solche Beobachtungen gemacht haben, dann bitte ich Sie, diese jetzt vorzutragen. Ansonsten muss ich Sie auffordern, solche Vorwürfe nicht länger zu erheben."

Der reserviert-sachliche Duktus, in dem der Lehrer hier auf die Anschuldigungen einer Mutter antwortet, dürfte auf alle Eltern Eindruck machen. Sie können daran ablesen, wie sehr Herrn Seidel die Vorwürfe getroffen haben. Sie können der Replik des Lehrers aber auch entnehmen, dass sie solche Vorhaltungen jeweils durch entsprechende Fakten unterfüttern müssen.

Ließe sich ein solcher Elternabend nicht mehr vor dem Beginn der Klassenfahrt organisieren, bliebe Thorsten Seidel nur eine **schriftliche Antwort** – jeweils mit einer Kopie für den Schulleiter und für die Klassenpflegschaft:

Die geplante Exkursion der Klasse 9a zum niedersächsischen Wattenmeer stellt eine schulische Veranstaltung dar, zu deren Teilnahme alle Schüler verpflichtet sind. Eine Befreiung von dieser Verpflichtung kann nur die Schulleitung veranlassen und das nur auf der Basis eines entsprechenden Antrags der Erziehungsberechtigten. Ein solcher Antrag liegt in Ihrem Fall aber nicht vor.

Die von Ihnen geäußerte Befürchtung, im Rahmen der bevorstehenden Klassenfahrt könne es zu einem massiven Missbrauch von Alkohol kommen, muss ich in aller Form zurückweisen. Selbstverständlich käme hier § 39 der bayrischen Realschulordnung zur Anwendung, der den Genuss alkoholischer Getränke im Rahmen schulischer Veranstaltungen grundsätzlich untersagt. Darüber hinaus entbehrt Ihr Vorwurf, ich hätte die Klasse Ihres Sohnes „nicht im Griff" offensichtlich jeder Grundlage, was Ihnen die gewählten Elternvertreter gerne bestätigen werden.

Grundsätzlich hätte ich es begrüßt, wenn Ihrem Schreiben ein persönliches Gespräch vorausgegangen wäre, in dessen Rahmen sich sicherlich der eine oder andere Vorbehalt hätte aufklären lassen. Zu einem solchen Gespräch stehe ich weiterhin gerne zur Verfügung.

Herr Seidel schlägt hier einen **förmlichen Ton** an, der ihm sonst eher fremd, der in diesem Fall aber unvermeidlich ist. Nachdem sich die Mutter für ein schriftliches Vorgehen entschieden und die Schulleitung von Anfang an eingebunden hat, steht ihm kein anderer Weg offen.

Langfristig sollte an jeder Schule nach Möglichkeiten gesucht werden, um solche **Vorwürfe** bereits im **Vorfeld zu entschärfen** und damit einer weiteren Zuspitzung solcher Konflikte vorzubeugen. Dazu kann z. B. ein → **Klassenforum** eingerichtet werden.

Demokratie im 6er-Pack: Das Klassenforum

Jede Schule verfügt über ein Gremium, in dem Eltern, Lehrer und Schüler vertreten sind und in dem sie über organisatorische oder pädagogische Fragen beraten. Die Kompetenzen der **Schulkonferenz** bzw. des Schulforums variieren von Bundesland zu Bundesland, sind aber jeweils gesetzlich geregelt. Immer steht hier die ganze Schule im Fokus der Aufmerksamkeit; mit den Belangen einzelner Klassen beschäftigt sich ein solches **übergeordnetes Gremium** eher selten.

Mit der Einrichtung des Klassenforums erhält die Schulkonferenz eine **dezentrale Ergänzung** für Ihre Klasse: Hier geht es nicht um die Hausordnung und das Fahrtenprogramm, um die neue Schulverfassung oder die Leitbildentwicklung, sondern um so pragmatische Angelegenheiten wie Stundenausfall, Sitzordnung oder Schüleraustausch.

Mitglieder des Klassenforums sind der Klassenlehrer und sein Stellvertreter, die beiden Klassensprecher sowie zwei Vertreter der Eltern, z. B. die gewählten Elternvertreter der Klassenpflegschaft, des Elternbeirates oder wie auch immer das Elterngremium in Ihrem Bundesland heißen mag.

Dieser „6er-Pack" tritt **6-mal im Schuljahr** zusammen und berät über **aktuelle Fragen**, die Lehrer, Schüler oder Eltern beschäftigen. So kann man sich im Klassenforum darüber austauschen, …

- wie der Unterricht trotz der längerfristigen Erkrankung einer Lehrkraft weitergeführt werden kann.
- warum es im Fach Mathematik zu einem überraschenden Leistungsabfall gekommen sein könnte.
- wie sich eine Verdichtung der Hausaufgaben an einzelnen Wochentagen vermeiden lässt.
- welche Gründe dazu geführt haben, dass in der Klasse immer mehr Ordnungsmaßnahmen verhängt werden.
- wie die Schüler zu einem verantwortungsvollen Umgang mit sozialen Netzwerken angeleitet werden können.
- durch welche Maßnahmen sich die erheblichen Unterschiede beim Taschengeld angleichen lassen könnten.
- wie das Klassenzimmer mit schalldämmenden Materialien nachgerüstet werden kann.

- mit welchem Beitrag sich die Klasse am geplanten Sommerfest der Schule beteiligen will.

Die Sitzungen werden in einem **rotierenden System** jeweils von einem anderen Mitglied des Klassenforums geleitet. Und so wird das auch beim Protokoll gehandhabt.

Die **Ergebnisse** sollten sich jeweils in ganz konkreten Projekten niederschlagen, deren Umsetzung unmittelbar überprüft werden kann.

Durch die Einrichtung eines Klassenforums hätte Herr Seidel möglicherweise viel früher erfahren, welche **Sorgen** die Eltern im Zusammenhang mit der Fahrt zum Wattenmeer umtreiben. Das Klassenforum hätte ihm dann vielleicht vorgeschlagen, sich mit der Klasse rechtzeitig über die Spielregeln zu verständigen, die für den gemeinsamen Aufenthalt in Carolinensiel gelten sollen. Auch der an Herrn Seidel gerichtete Vorwurf, den Schülern zu viel durchgehen zu lassen, sollte vom Klassenforum aufgegriffen werden. Das Ergebnis wäre dann vielleicht ein gemeinsamer Abend für Eltern und Schüler, bei dem der Lehrer sein pädagogisches Konzept zur Diskussion stellt. Die schroffe Reaktion der Mutter bestätigt nur, dass hier ein **Kommunikationsproblem** vorliegt. Das Klassenforum hätte Herrn Seidel vermutlich manche Aufregung erspart und ihn vor Unterstellungen verschont.

Annahme verweigert

Keine Frage: Hüseyin ist ein heller Kopf. Blitzschnell kann er ein technisches Problem lösen, ein naturwissenschaftliches Phänomen erklären oder eine mathematische Operation nachvollziehen. Alle Lehrer sind sich einig, dass es der türkische Junge ganz weit bringen könnte. Und trotzdem muss Hüseyin fürchten, in diesem Jahr das Klassenziel nicht zu erreichen und dann vielleicht sogar die Schule zu verlassen. Das hängt mit seinen vielen Fehlzeiten zusammen: Denn immer wieder meldet er sich krank oder lässt sich während des Unterrichts wegen eines plötzlichen Unwohlseins nach Hause schicken. Seine absinkenden Leistungen haben aber auch damit zu tun, dass er seine Hausaufgaben nur selten erledigt und auch sonst zu Hause nichts für die Schule tut.

Hüseyin ist fest davon überzeugt, dass er als Kickboxer einmal ganz groß herauskommen wird. Und dem hat sich eben auch die Schule unterzuordnen. Seine Lehrer sehen das ganz anders: Sie wollen sich nicht damit abfinden, dass die Schullaufbahn des intelligenten Jungen an der mangelnden Präsenz und am fehlenden Fleiß zu scheitern droht.

Als Klassenlehrerin glaubt Frau Waldenmaier zu wissen, wie sich Hüseyins Situation nachhaltig verbessern ließe. Sie setzt auf ein Gespräch mit den Eltern und versucht seit mehreren Monaten, mit ihnen Kontakt aufzunehmen. Leider bleiben ihre Briefe bisher unbeantwortet und auch ihre Anrufe dringen nicht zu Hüseyins Eltern vor. In einem letzten Versuch hat Frau Waldenmaier eine Kollegin darum gebeten, einen Brief an Hüseyins Eltern ins Türkische zu übersetzen. Aber auch das scheint auf die Familie keinen Eindruck gemacht zu haben. Was aber soll sich die Lehrerin noch alles einfallen lassen, um mit den Eltern des türkischen Schülers endlich ins Gespräch zu kommen?

Gudrun Waldenmaier weiß, dass sie jetzt nicht aufgeben darf. Sie weiß aber auch, dass bestimmte Reaktionen einfach nicht weiterführen. So wäre es keine gute Idee, Hüseyin selbst auf die **freiwillig gewählte Kontaktsperre** seiner Eltern hin anzusprechen:

> *„Ich bemühe mich schon seit Längerem um einen Kontakt zu deinen Eltern. Aber bisher sind alle meine Briefe unbeantwortet geblieben. Und auch am Telefon waren deine Eltern für mich nicht erreichbar. Was ist denn da los, Hüseyin? Richte deinen Eltern bitte aus, dass ich sie unbedingt sprechen möchte. Am besten in meiner Sprechstunde oder im Rahmen des nächsten Elternsprechabends."*

Ein solches Vorgehen käme für Frau Waldenmaier nicht in Frage. Denn sie weiß: Eltern haften für ihre Kinder – aber nicht umgekehrt! Es wäre unfair, den Sohn für die Verweigerungshaltung seiner Eltern in die Pflicht zu nehmen. Denn Hüseyin hat mit sich selbst genug Probleme und muss sich deshalb **nicht** auch noch **für seine Eltern verantwortlich** fühlen.

Ebenso **indiskutabel** wäre der Versuch, den Fall an die **Schulleitung** weiterzureichen, um die Eltern durch die Autorität des Amtes beeindrucken zu wollen. Der Schulleiterin bliebe kaum etwas anderes übrig, als sich direkt mit einem Brief an die Familie des Schülers zu wenden:

> Uns ist an einer funktionierenden Erziehungspartnerschaft zwischen Elternhaus und Schule gelegen. Deshalb begrüße ich, dass sich Frau Waldenmaier mehrfach darum bemüht hat, mit Ihnen ins Gespräch zu kommen. Leider haben Sie auf diese Angebote bisher nicht reagiert. Ich setze Ihnen deshalb bis zum 28. Februar eine Frist, um Rücksprache mit der Klassenlehrerin Ihres Sohnes zu nehmen. Andernfalls müssen Sie damit rechnen, dass ich die zuständige Mitarbeiterin der Familienhilfe in Kenntnis setze. Denn ein regelmäßiger Kontakt zwischen Elternhaus und Schule ist im Sinne des Kindeswohls unverzichtbar.

Dieses Schreiben der Schulleiterin enthält eine unverhüllte Drohung und ist damit wohl kaum geeignet, eine vertrauensvolle Zusammenarbeit zu begründen. Der Brief könnte sogar einen gegenteiligen Effekt auslösen.

Noch weiß niemand, warum sich Hüseyins Eltern bisher allen Kontaktversuchen der Schule verschließen. Es ist aber durchaus möglich, dass sie der **Schule grundsätzlich mit Vorbehalten** begegnen, z. B. weil …

- sie einer solchen Begegnung sprachlich nicht gewachsen wären.
- sie sich von der Autorität einer staatlichen Institution eingeschüchtert fühlen.
- sie Angst haben, für die Versäumnisse ihres Sohnes in die Pflicht genommen zu werden.

Zu Recht mutmaßen manche Lehrkräfte, Eltern wie die von Hüseyin ließen sich durch einen **persönlichen Besuch** besser erreichen als mit einem förmlichen Anschreiben oder einem hochoffiziellen Anruf. Frau Waldenmaier könnte sich also aufs Fahrrad schwingen und Hüseyins Eltern einen Besuch abstatten. Aber auch hier gebietet es die Höflichkeit, der Familie diesen Besuch vorher (schriftlich) anzukündigen und bei den Eltern nicht überfallartig auf der Matte zu stehen:

> Ich bin die Klassenlehrerin von Hüseyin. Deshalb würde ich mich mit Ihnen gerne über Ihren Sohn unterhalten. Ich mache mir Sorgen, weil seine Noten in letzter Zeit immer schlechter geworden sind. Vielleicht finden wir gemeinsam heraus, wie sich das ändern lässt. Ich würde deshalb gerne am 28. Februar um 18.00 Uhr bei Ihnen vorbeischauen. Lassen Sie mir bitte durch Hüseyin ausrichten, ob Ihnen dieser Termin passt.

Frau Waldenmaier hat sich hier ganz bewusst für einen Text in einfachem Deutsch entschieden. Denn sie will sich ganz sicher sein, dass der Inhalt von den Eltern auch verstanden wird.

Sie sollte aber auch wissen, dass solche Hausbesuche manchen Eltern eher peinlich sind: Sie schämen sich ihrer Lebens- und Wohnsituation und sind deshalb darauf bedacht, ihre Wohnung als einen Raum geschützter Intimität auch gegen die Neugierde vermeintlicher Autoritäten zu verteidigen. Vielleicht bleibt Gudrun Waldenmaier deshalb nur eine eher **zufällige Möglichkeit der Kontaktaufnahme**: Sie könnte Hüseyin anbieten, ihn nach Hause zu fahren, wenn ihm wieder einmal übel ist und er sich deswegen vom Unterricht befreien lassen möchte. In diesem Fall könnte sie den Schüler seinen Eltern übergeben und dabei die richtigen Worte finden:

> *„Ich bin Frau Waldenmaier und ich habe Ihnen Ihren Sohn mitgebracht. Hüseyin ist es heute in der Schule schlecht geworden. Und wir wollen nicht, dass er in diesem Zustand ganz alleine unterwegs ist. Vielleicht sollte er sich erst einmal ins Bett legen, bis es ihm wieder besser geht. Ich freue mich, dass wir uns bei dieser Gelegenheit persönlich kennenlernen. Und Sie wissen ja: Sie können sich immer an mich wenden, wenn es irgendwelche Probleme gibt.“*

Ein ausführliches Gespräch über die schulische Situation des Jungen ist zwischen Tür und Angel nicht möglich. Aber Frau Waldenmaier könnte es so mit wenigen Worten gelingen, vorhandene Beklemmungen aufzubrechen und das **Vertrauen der Eltern** zu gewinnen. Sie wissen jetzt, dass sie von der Lehrerin keine Vorhaltungen zu erwarten haben, sondern dass diese sich wirklich um ihren Jungen kümmert. Und auf dieser Basis lässt sich dann weiterarbeiten.

Damit Eltern gar nicht erst „abtauchen“, bietet es sich an, z. B. mit einem → **Familien-Brunch** einen ersten Kontakt zu knüpfen.

Eine Begegnung ohne Hintergedanken: Der Familien-Brunch

Viele **Eltern ausländischer Herkunft** erleben die Schule als ein ihnen fremdes Terrain. Das hängt oft mit ihrer eigenen Biografie zusammen: Viele sind in der Schule über Grundkenntnisse im Lesen und Schreiben nicht hinausgekommen. Außerdem haben sie mit der deutschen Sprache so große Probleme, dass sie von Elternabenden oder Info-Veranstaltungen nicht viel mitbekommen. Gegenüber der Schule ihrer Kinder entwickeln solche Eltern deshalb ganz normale **Schwellenängste**.

Um diese Ängste abzubauen, bedarf es **vertrauensbildender Maßnahmen**; schließlich sollen sich auch ausländische Eltern in der Schule wohlfühlen. Bewährt haben sich in diesem Zusammenhang Veranstaltungen, die die Schüler und ihre Eltern in gleicher Weise ansprechen und bei denen die Kinder deshalb den Begleitschutz ihrer Eltern stellen. Hier muss sich niemand als Außenseiter fühlen, weil die Kinder schon dafür sorgen, dass sich die Eltern untereinander kennenlernen und miteinander ins Gespräch kommen. Auch die Eltern Ihrer ausländischen Schüler dürften sich angesprochen fühlen, wenn Sie …

- zu einem Abend einladen, bei dem in Bildern, Texten, Liedern und Sketchen an die zurückliegende Klassenfahrt erinnert wird.
- einen Wandertag für die ganze Familie organisieren, bei dem es verborgene Höhlen zu entdecken und erhabene Gipfel zu bezwingen gibt.
- eine Spaß-Olympiade ausrichten, bei der die Eltern gegen die Schüler Ihrer Klasse antreten und anschließend alle zusammen feiern.
- sich mit Ihren Schülern und ihren Eltern am Werktag der Schule beteiligen und gemeinsam zur Verschönerung des Klassenzimmers beitragen.
- im Rahmen einer Casting-Show die heimlichen Talente Ihrer Klasse präsentieren und die Eltern das „Super-Talent" wählen lassen.
- mit den Schülern gemeinsam einen Familien-Brunch vorbereiten, zu dem auch ihre Eltern und Geschwister eingeladen sind.

Ein solcher **Familien-Brunch** dient vor allem der **Kontaktaufnahme** – ohne die Eltern in die Pflicht zu nehmen oder sie mit irgendwelchen pädagogischen Anliegen zu behelligen.

Sie sollten dafür einen Termin zu **Beginn des Schuljahres** ansetzen, weil hier das Interesse der Eltern besonders groß ist. Schließlich wollen diese wissen, mit welchen Lehrkräften sie es in den nächsten Monaten zu tun haben.

Der **Samstag** eignet sich für ein solches ganz allein dem internen Austausch geschuldetes Zusammensein besser als jeder andere Wochentag. So ist sichergestellt, dass sich auch die berufstätigen Eltern sowie die jüngeren Geschwister am Familien-Brunch beteiligen können.

Ihre Schüler erhalten schon am ersten Tag des Schuljahres eine Einladung, die sich an ihre Eltern richtet und deren Erhalt diese schriftlich bestätigen sollten:

> Liebe Eltern,
>
> wir alle wünschen uns, dass die Klasse Ihrer Kinder zu einer wirklichen Gemeinschaft zusammenwächst. Das wird umso besser gelingen, je mehr wir gemeinsam unternehmen und je besser sich auch die Familien untereinander kennenlernen. Um dieses Kennenlernen zu erleichtern, darf ich Sie für Samstag, den 24. August, ab 10.00 Uhr zu einem
>
> **FAMILIEN-BRUNCH**
>
> in die Mensa unserer Schule einladen. Sie dürfen sich einen solchen Brunch als eine Mischung aus Frühstück und Mittagessen vorstellen – eine ideale Voraussetzung, um in entspannter Atmosphäre und inmitten netter Menschen gemeinsam ins Wochenende zu starten. Wir wollen dazu nicht die Dienste eines kommerziellen Anbieters in Anspruch nehmen. Stattdessen setzen wir darauf, dass alle Familien mit einem eigenen Beitrag für das leibliche Wohl sorgen – am besten mit leckeren Überraschungen und hausgemachten Spezialitäten. Die Einzelheiten werden wir dazu im Rahmen des Unterrichts miteinander absprechen.
>
> Die ganze Klasse würde sich freuen, wenn wir zu diesem Familien-Brunch möglich viele Eltern und Geschwister begrüßen könnten.

Dieses Schreiben sollte den Eltern nach Möglichkeit auch in ihren Muttersprachen zugehen, damit sich niemand ausgeschlossen fühlen muss und Ihre Einladung auch wirklich alle erreicht.

Die Ausrichtung eines solchen Familien-Brunchs versteht sich als ein **Angebot zum Mitmachen**. Hier können sich auch Eltern einbringen, die über nur geringe Bildungsvoraussetzungen verfügen und die deutsche Sprache nur unzureichend beherrschen. Sie müssen sich keine Vorträge über schulorganisatorische Einzelmaßnahmen anhören und keine pädagogischen Vorträge über sich ergehen lassen. Im Gegenteil: Hier haben auch ausländische Eltern etwas anzubieten, sie können mit ihren Bifteki, Gözleme oder Blini glänzen.

Mit dem Familien-Brunch wird den Eltern die Tür zur Schule ihrer Kinder weit geöffnet, erweisen sich erste Schwellenängste und Beklemmungen als völlig unbegründet. Auf der hier entstandenen **Vertrauensbasis** können Sie später mit den Eltern auch über die Leistungs- und Verhaltensprobleme ihrer Kinder sprechen – ungezwungen, unverklemmt und unaufgeregt.

Auch der Kontakt zu Hüseyins Eltern wäre leichter herzustellen gewesen, wenn Frau Waldenmaier sich ihnen im Rahmen eines solchen informellen Projekts schon einmal genähert hätte. Hätte sie mit Hüseyins Mutter schon einmal beim Teekochen oder Gläserspülen zusammengearbeitet, hätten die beiden später viel leichter einen Draht zueinander gefunden und dem intelligenten Jungen gemeinsam helfen können.

Bestechung auf Ukrainisch

Wenn sich Herr Lüders am Morgen seiner Schule nähert, grüßt ihn schon von Weitem ein vielfarbiges Transparent. „Wir sind eine bunte Schule.", ist darauf zu lesen. „Hier lernen 834 Schüler aus 59 Ländern." Allerdings fällt Herrn Lüders doch auf, dass seine Schüler einer solchen multikulturellen Vereinnahmung eher mit Skepsis begegnen. Ganz egal, ob diese aus dem Kosovo, aus Marokko oder aus China kommen – in ihrem Auftreten, in ihren Interessen und in ihren Verhaltensweisen haben sie sich weitgehend einander angeglichen. Sie alle tragen im Sommer gerne Flip-Flops, sind in der Mittagspause mit ihren Smartphones beschäftigt und himmeln die Berühmtheiten der aktuellen Casting-Shows an. Zu einem folklorisierenden Gesamtgemälde hätten sie deshalb nicht viel beizusteuern.

Ausgeprägte kulturelle Unterschiede nimmt Herr Lüders dagegen in seinem Kontakt zu den Eltern wahr: Es schweigen ihn die kurdischen Eltern an, die offensichtlich nicht gewohnt sind, in Gegenwart eines Lehrers von sich aus das Wort zu ergreifen. Der serbische Schülervater hingegen erklärt ihm, dass eine Erziehung ohne Schläge niemals funktionieren könne und dass er sich als Lehrer hier keine Zurückhaltung aufzuerlegen brauche. Die koreanische Mutter beklagt sich, dass sich ihre Tochter nicht wirklich gefordert fühle und ihre Hausaufgaben oft schon nach wenigen Stunden erledigt habe.

Auch Alinas Eltern können nicht verleugnen, dass sie erst vor zwei Jahren aus der Ukraine nach Deutschland gekommen sind und sich immer noch einer anderen pädagogischen Kultur verpflichtet fühlen. So meldet sich die Mutter schon beim ersten Elternabend zu Wort: Sie will wissen, wann in Deutschland der „Tag des Lehrers" begangen wird. Ihre Tochter möchte nicht mit leeren Händen dastehen, wenn die anderen Schüler ihren Lehrkräften die traditionellen Blumensträuße überreichen. Volker Lüders kann die besorgte Mutter beruhigen und ihr erklären, dass es keinen entsprechenden Tag in Deutschland gibt.

Nicht erspart bleibt ihm allerdings, dass ihn Alinas Mutter am letzten Schultag aufsucht, um ihm für sein großes Engagement für ihre Tochter zu danken. Dazu drückt sie Herrn Lüders ein ebenso kitschiges wie teures Bild aus honigfarben schimmerndem Bernstein in die Hand. Der Lehrer weiß, dass er dieses Geschenk als Beamter eigentlich ablehnen müsste – aber er weiß auch, dass eine solche Abfuhr Alinas Mutter überhaupt nicht zu vermitteln wäre.

Der Mutter jetzt mit irgendwelchen Beamtengesetzen und Dienstverordnungen zu kommen, wäre sicherlich die falsche Reaktion. Deshalb entscheidet sich Herr Lüders ganz spontan zu einer **menschlich nachvollziehbaren Antwort**:

> *„Wir Lehrer haben uns tatsächlich viel Mühe gegeben, damit sich Alina möglichst schnell eingewöhnt und sie hier den Anschluss schafft. Ich freue mich, dass Sie diese Bemühungen anerkennen. Dafür danke ich Ihnen auch im Namen meiner Kollegen."*

Volker Lüders ist gut beraten, in den Dank der Mutter auch seine Kollegen einzubeziehen. Tatsächlich müssen alle Lehrkräfte zusammen helfen, wenn die Integration einer Schülerin in ihre neue Umgebung gelingen soll. Für seine Reaktion spricht auch, dass er nicht auf den materiellen Wert des fragwürdigen Geschenks abhebt, sondern dieses als eine gut gemeinte Geste interpretiert.

Herr Lüders fühlt sich aber auch an die Bestimmungen des **Dienstrechts** gebunden, das ihm als Lehrer im Beamtenverhältnis die Annahme von Geschenken untersagt. Ihm ist deshalb klar, dass er das Bernsteinbild nicht annehmen und z. B. im heimischen Hobbykeller aufhängen darf:

> *„Wir werden für dieses Bild einen würdigen Platz im Lehrerzimmer unserer Schule finden. Der schulischen Entwicklung Alinas gilt unsere gemeinsame Sorge. Mit diesem Bild wollen wir uns daran erinnern lassen, dass wir darin nicht nachlassen dürfen."*

Mit dieser **„Verallgemeinerung"** des Geschenks an die Schule müsste auch die dankbare Schülermutter leben können. Dazu unterstreicht der feierliche Sprachgestus die besondere Würde des pädagogischen Amtes, wie sie von Alinas Mutter erwartet und respektiert wird.

Herr Lüders könnte die Gelegenheit aber auch nutzen, um der Mutter gegenüber den **Anteil der Mitschüler** an der geglückten Integration hervorzuheben:

> *„Vergessen Sie aber auch nicht, wie engagiert sich die ganze Klasse um Alina bemüht hat. Die Mitschüler haben sich in ihre Situation hineinversetzt, haben ihr so manchen Weg geebnet und etliche Hürden weggeräumt. Ich halte es deshalb für richtig und konsequent, wenn wir dieses besondere Bild im Klassenzimmer aufhängen. Denn Alinas Klasse hat ein solches Dankeschön verdient."*

Auch auf diese Weise schafft es der Lehrer, dass sich Alinas Mutter nicht brüskiert fühlen muss und dass ihm niemand einen Verstoß gegen das Beamtengesetz vorwerfen kann.

Trotzdem sollte er die **Schulleitung** von diesem Vorgang **unterrichten**. Vielleicht unterstreicht die Rektorin im nächsten Elternbrief noch einmal, dass das Beamtenrecht den Lehrern die Annahme von Geschenken untersagt und dass die Eltern diese nicht durch gut gemeinte Präsente in Verlegenheit bringen sollten.

Die multikulturelle Zusammensetzung einer Schulklasse bringt es mit sich, dass hier ganz unterschiedliche Familientraditionen und Erziehungsstile aufeinandertreffen. Damit diese **Heterogenität** nicht in Desorientierung und Beliebigkeit umschlägt, muss der Diskurs über Erziehung immer wieder neu geführt werden. Im ➜ **Elternvertrag** kann ein solcher Diskurs seinen Niederschlag finden.

Wenn alle an einem Strang ziehen: Der Elternvertrag

Konservative Bildungskritiker beklagen, den Kindern falle heute das **Verhandeln** leichter als das Gehorchen. Und so mancher liberale Theoretiker würde dem sogar zustimmen – freilich ohne darin bereits einen Verfall pädagogischer Werte zu wittern. Manche jungen Leute sind in dieser Praxis des Verhandelns so geübt, dass sie bereits über ein ganzes Arsenal strategischer Operationen und taktischer Tricks verfügen. Dazu gehört, dass sich in jeder Klasse Mitschüler finden lassen, die von ihren Eltern großzügiger beschenkt und liberaler behandelt werden. Dass diese dann zur alleinigen Messlatte werden, versteht sich fast von selbst. So lässt sich immer darauf verweisen, dass andere mehr Taschengeld bekommen, abends länger ausgehen dürfen und über komfortabler ausgestattete Speichermedien verfügen. Und oft wird den **Eltern** erst sehr viel später klar, dass sie hier nur **gegeneinander ausgespielt** werden.

Deshalb sind Klassen oder Schulen mancherorts dazu übergegangen, über solche Regelungen einen Elternvertrag abzuschließen. Hierin können Sie zusammen mit den Eltern Ihrer Klasse festlegen, was in den Familien der Schüler verboten oder erlaubt sein soll. Dabei kann es z. B. um folgende **Themen** gehen:

- den täglichen Fernsehkonsum
- die Auswahl der Computerspiele
- die Mithilfe im Haushalt
- die Beteiligung an den gemeinsamen Freizeitaktivitäten

Vielleicht werden sich Eltern nicht in so grundsätzliche Erziehungsfragen hineinreden lassen wollen. Versuchen Sie Ihnen jedoch klar zu machen, dass es sich auf die Klassengemeinschaft und damit auch auf die Lernatmosphäre der Klasse positiv auswirkt, wenn alle Schüler **die gleichen Bedingungen** in der Schule und zu Hause vorfinden.

Vor allem sollte in einem Elternvertrag jedoch geregelt werden, in welchem Umfang die Eltern **Hilfestellung bei der Erledigung häuslicher Arbeiten** (Hausaugaben, Referate usw.) leisten dürfen und wie Elternhaus und Schule im Interesse der Kinder zusammenarbeiten können. So lässt sich vermeiden, dass die Eltern in die Rolle von Nachhilfelehrern gedrängt werden und dass sie sich mit dieser Aufgabe zeitlich und fachlich überfordert fühlen. Denn es wäre nicht zu verantworten, wenn sich das **unterschiedliche Engagement der Eltern** in den Leistungen der Schüler niederschlagen würde.

Folgende Paragrafen könnte ein entsprechender Elternvertrag umfassen:

§ 1 Wir achten darauf, dass unsere Kinder ihre Schultasche täglich neu packen. Aber wir verzichten auf eine detaillierte Taschenkontrolle.

§ 2 Wir kümmern uns darum, dass unsere Kinder ihren häuslichen Pflichten nachkommen. Das heißt aber nicht, dass wir die anfallenden Hausaufgaben für sie erledigen.

§ 3 Wir sorgen dafür, dass jedes Kind über einen eigenen Arbeitsplatz verfügt und dass bei der Erledigung seiner Hausaufgaben jede Störung oder Ablenkung von ihm ferngehalten wird.

§ 4 Wenn ein Kind bei den täglichen Hausaufgaben nicht weiterweiß, soll es sich nicht von den Eltern, sondern von den Lehrern helfen lassen. Dazu ermutigen wir unsere Kinder.

§ 5 Haben unsere Kinder ein Referat zu halten, so unterstützen wir sie bei der Recherche, der Planung und der Präsentation. An der Ausformulierung der Referate beteiligen wir uns nicht.

§ 6 Wir erinnern unsere Kinder daran, dass sie mit der Vorbereitung auf eine Klassenarbeit rechtzeitig beginnen. Dafür verzichten wir auf die Dienste von Nachhilfelehrern.

§ 7 Wir sorgen dafür, dass unsere Kinder in den Ferien nicht länger als eine Stunde für die Schule lernen. Denn die Ferien sind in erster Linie zur Erholung da.

§ 8 Wenn es am Unterricht etwas zu beanstanden gibt, wenden wir uns zunächst an die Klassenpflegschaft und dann erst an die beteiligten Lehrkräfte.

§ 9 Wir besuchen die Elternabende und die Sprechstunden der Lehrkräfte, belästigen diese aber nicht außerhalb geltender Absprachen mit Telefonaten, Mails oder Hausbesuchen.

§ 10 Wir machen den Lehrkräften unserer Kinder keine Geschenke. Aber wir haben Verständnis, wenn diese zu besonderen Anlässen von der ganzen Klasse beschenkt werden.

Jeder Versuch, den Dank an die Lehrkräfte in Form von Geschenken abzustatten, ist unzulässig – das sollte in einem Elternvertrag noch einmal festgehalten werden. Vielleicht hätte Alinas Mutter dann auch darauf verzichtet, Herrn Lüders mit einem so kitschigen Präsent in Verlegenheit zu bringen.

Ein solches Abkommen sorgt zudem dafür, dass es unter den Eltern zu **keinem Wettbewerb um die größte heimische Unterstützung** kommt. Davon profitieren vor allem Familien, in denen beide Elternteile berufstätig sind und in denen die Eltern nicht viel Bildungserfahrung beisteuern können. Außerdem stellt der Elternvertrag klar, wie mit Problemen umgegangen werden kann und wie das Verhältnis von Lehrern und Elternhaus gestaltet werden soll.

Der Elternvertrag gewährleistet, dass wirklich **alle an einem Strang ziehen** und dass in allen Elternhäusern einer Klasse **ähnliche Bedingungen** herrschen.

Nicht mit meiner Tochter

Für Frau Zeitz steht fest: Der Aufenthalt im Schullandheim kann nur dann zu einem Gemeinschaftserlebnis werden, wenn sich auch wirklich alle Schüler daran beteiligen. Deshalb hat sie schon bei der Planung darauf geachtet, dass aus dieser Klassenfahrt keine exklusive Veranstaltung wird: Um die Fahrtkosten so gering wie möglich zu halten, wird die Klasse mit dem Regionalzug anreisen. Außerdem sind die Schüler in einem Selbstversorgerhaus untergebracht, wo ein nur geringer Tagessatz berechnet wird. Schließlich hat Frau Zeitz erreichen können, dass der Förderverein der Schule alle Kinder aus bedürftigen Familien finanziell unterstützt. Darüber hinaus hat sie schon zu Beginn des Schuljahres einen eigenen Informationsabend angesetzt, um die Eltern der Schüler auf dieses Projekt vorzubereiten. Die Lehrerin wäre sogar bereit gewesen, die Familien der Schüler zu Hause zu besuchen, um mögliche Fragen zu beantworten und mögliche Vorbehalte zu entkräften. Aber offensichtlich ist das gar nicht nötig.

Und doch scheint nicht sicher, ob auch wirklich alle Schüler an der geplanten Fahrt teilnehmen, wie Jutta Zeitz erst später bewusst wird. Auf Anraten einer erfahrenen Kollegin hat sie die Eltern rechtzeitig darum gebeten, eine erste Anzahlung auf das Fahrtenkonto der Schule zu überweisen. Bis auf Rabias Vater kommen alle Eltern dieser Bitte nach. Der aber überweist kein Geld und lässt sich am Telefon verleugnen, als ihn Frau Zeitz deswegen immer wieder anruft. Schließlich aber rückt er mit der Wahrheit heraus: Er hat seiner Tochter eine Teilnahme an der geplanten Klassenfahrt verboten – aus „religiösen Gründen", wie der gläubige Muslim und Vorsitzende eines Moschee-Vereins beteuert. Frau Zeitz weiß nicht, worüber sie sich mehr ärgern soll: Über die religiöse Borniertheit, mit der hier ein Gemeinschaftsprojekt boykottiert wird, oder über das Verhalten des Vaters, der ihrer Bereitschaft zum Dialog doch nur ein solches Verbot entgegenzuhalten hat.

Sicher wäre es besser gewesen, von Anfang an eine ausdrückliche Zustimmung der Eltern zu der Fahrt einzuholen. So hätte es in einem **ersten Brief** der Klassenlehrerin an die Eltern heißen können:

Haben Sie Verständnis dafür, dass der Aufenthalt im Schullandheim einen gewissen Planungsvorlauf verlangt. Bestätigen Sie mir deshalb bitte auf dem anhängenden Abschnitt durch Ihre Unterschrift, dass Sie mit einer Teilnahme Ihrer Tochter/Ihres Sohns an der Fahrt einverstanden sind.

Eine solche Zustimmung ist rechtlich nicht verbindlich. Dennoch hätte Frau Zeitz so von den **Vorbehalten** erfahren, die manche Eltern mit der geplanten Klassenfahrt verbinden könnten. Sie wüsste dann, dass es noch mancher guter Argumente bedarf, um den strenggläubigen Vater davon zu überzeugen, wie wichtig der Aufenthalt im Schullandheim auch für seine Tochter wäre.

So könnten sich skeptische Eltern wie Rabias Vater z. B. **an Ort und Stelle ein Bild davon machen**, wie es im Schullandheim zugeht und wie hier die Trennung von Jungen und Mädchen funktioniert:

> *„Das städtische Schulamt organisiert regelmäßig Elternfahrten in eine Jugendherberge. Hier können Sie sich aus erster Hand informieren, wie eine solche Einrichtung organisiert ist. Sprechen Sie mich doch an, wenn Sie an einer solchen Besichtigung interessiert sind. Ich stelle gerne einen Kontakt zum Schulamt her."*

Vielleicht hätte es aber auch gereicht, wenn Frau Zeitz im Rahmen eines **Elternbriefs** erläutert hätte, wie sich die Eltern einen Aufenthalt im Schullandheim vorzustellen haben:

[...]
Bei der Festlegung der Hausordnung und bei der Ausarbeitung des Programms haben wir besonders auf die Bedürfnisse der muslimischen Schülerinnen und Schüler geachtet:

- So haben wir den Aufenthalt im Schullandheim so gelegt, dass unsere Fahrt nicht in die Zeit des Ramadan fällt.
- Außerdem versteht es sich von selbst, dass zu jeder Mahlzeit eine Alternative zum Schweinefleisch angeboten wird.
- Schließlich sind die Jungen und die Mädchen der Klasse in getrennten Stockwerken untergebracht. Und wir Lehrkräfte werden besonders darauf achten, dass kein Junge das Stockwerk der Mädchen betritt – und umgekehrt.

Unsere Schülerin Yasmin Yilderim aus der Klasse 9b kennt das Selbstversorgerhaus aus eigener Anschauung. Sie ist gerne bereit, Ihnen entsprechende Fragen zu beantworten. Und Sie wird Ihnen auch bestätigen, dass Sie sich wegen des Aufenthalts im Schullandheim keine Sorgen zu machen brauchen.

Ein solches **Entgegenkommen** gegenüber den muslimischen Eltern unterstreicht, auf welchem schmalen Grat sich Frau Zeitz hier bewegt: Aus Rücksicht auf die sittenstrengen Väter in ihrer Klasse wäre sie bereit, die Klassenfahrt ggf. zu einem jahreszeitlich ungünstigen Zeitpunkt stattfinden zu lassen und die Hausordnung konsequenter zu handhaben, als ihre Schüler das sonst von ihr gewohnt sind. Trotzdem würde sie solche Zugeständnisse in Kauf nehmen, um allen Schülern eine Teilhabe zu ermöglichen.

Eine pädagogische Praxis, die zwischen unterschiedlichen Kulturen navigiert, ist immer wieder auf solche **Zugeständnisse** angewiesen. Da Lehrer wie Frau Zeitz jedoch nicht jedes kulturelle Problem erkennen können oder wissen, wie man in einem solchen Konflikt genug Fingerspitzengefühl beweist, ist es keine Schande, sich in so einem Fall sachkundige Hilfe zu holen. Bei kulturellen Problemen in der Schule kann ein → **Elternanwalt** die geeignete Person zur Vermittlung zwischen Lehrer und Elternhaus sein.

Ein Makler zwischen den Kulturen: Der Elternanwalt

Vielleicht kennen auch Sie **Eltern ausländischer Herkunft**, die sich im besonderen Maße mit Ihrer Schule verbunden fühlen. Oft handelt es sich dabei um Männer und Frauen, deren Kinder ihre Schullaufbahn erfolgreich absolviert haben und die das auch der Schulleitung und dem Lehrerkollegium als Verdienst anrechnen. Solche Eltern würden die Verbindung zur Schule ihrer Kinder oft gerne aufrechterhalten. In der Funktion des Elternanwalts können sie ihre Dankbarkeit der Schule gegenüber ganz praktisch zum Ausdruck bringen.

Der Elternanwalt versteht sich als ein **Makler**, der zwischen den Bedürfnissen einer bestimmten Ethnie und den Erfordernissen der pädagogischen Praxis vermittelt. Der Elternanwalt kann als Vermittler z. B. angerufen werden, wenn ...

- eine ausländische Schülerin neu in die Schule eintritt – und ein individueller Förderplan erstellt werden muss, der ihre Anpassung an den geltenden Lernstoff regelt.
- die Eltern befürchten müssen, dass ihre Kinder die Sprache ihrer Herkunftskultur verlernen und sie sich deshalb einen muttersprachlichen Konversationskurs wünschen.
- die Eltern Bedenken gegen die Menüauswahl des Mensabetreibers haben und mehr Rücksicht auf religiös begründete Speisevorschriften einfordern.
- es zu gewalttätigen Auseinandersetzungen zwischen Schülern unterschiedlicher Herkunft kommt und es dazu eines erfahrenen Friedensstifters bedarf.
- die Angehörigen einer religiösen Minderheit einen Feiertag im Kreis ihrer Gemeinde feiern wollen und sie dafür vom Unterricht befreit werden müssen.
- die Sportlehrer registrieren, dass immer mehr Schülerinnen nicht am Schwimmunterricht teilnehmen dürfen und ihre Eltern dafür religiöse Gründe nennen.

Der Elternanwalt muss selber **einer bestimmten Ethnie angehören**, muss deren Sprache beherrschen und von deren kulturellen Empfindlichkeiten wissen. Er muss aber auch einen **Überblick über die einschlägigen schulrechtlichen Bestimmungen** haben und mit den pädagogischen und organisatorischen Sachzwängen einer Schule vertraut sein.

Der Elternanwalt vertritt **die Interessen der ausländischen Schüler und ihrer Familien in den unterschiedlichen Gremien** der Schule: Er begleitet einen Jungen, der sich vor dem Disziplinausschuss für sein aggressives Verhalten zu rechtfertigen hat, oder nimmt an einer Sitzung des Klassenforums teil, bei der Maßnahmen gegen den akuten Leistungsabfall einer Lerngruppe beraten werden. Er vertritt aber auch vor der Schulkonferenz das Anliegen ausländischer Mütter, die das Projekt „Mama lernt Deutsch" fortgeführt sehen wollen.

Darüber hinaus sind es vermutlich vor allem die Lehrkräfte, die seine **Dienste als Dolmetscher** zu würdigen wissen und die er bei Elternabenden, Beratungsgesprächen oder Fallkonferenzen unterstützt.

Schließlich ist der Elternanwalt gefordert, wenn die **Erwartungen der Schule an ausländische Eltern herangetragen** werden und diese für den Bildungsauftrag und die pädagogische Kultur der Schule gewonnen werden sollen.

Nach seinen ersten erfolgreichen Vermittlungsversuchen wird sich bald an der ganzen Schule herumgesprochen haben, dass man sich auf den Elternanwalt verlassen kann und dass dieser bei Problemen als ein ehrlicher **Mittelsmann** in Anspruch genommen werden kann.

Vielleicht hätte sich auch Rabias Vater mit einem Elternanwalt ins Benehmen gesetzt, bevor er seiner Tochter die Teilnahme am Schullandheim untersagt hätte. Vielleicht hätte er sich aber auch ganz anders entschieden, wenn ihm ein solcher Makler zwischen den Kulturen seine Ängste genommen hätte. Mit einem Elternanwalt an der Seite wäre deshalb Frau Zeitz mancher Ärger erspart geblieben. [15]

3

Konflikte im Kollegium

Weg mit dem Unkraut!

Niemand hat Herrn Rott vorgewarnt. Und doch hat ihn das Schicksal vieler junger Lehrkräfte ereilt: Ihm wurde nämlich eine Klasse zugewiesen, die an der ganzen Schule verrufen ist und die deshalb kein Kollege auf seinem Wunschzettel stehen hat. Herr Rott ist neu an der Schule und hat ohnehin große Schwierigkeiten, sich hier zurechtzufinden. Dazu kommt die Verantwortung für eine Klasse, an der schon viele pädagogische Gutmenschen gescheitert sind.

Schon nach wenigen Wochen bestätigt sich sein Eindruck, dass es sich bei der 8b tatsächlich um eine Problemklasse handelt: Viele Schüler kommen auf ein beachtliches Strafenregister und auch der Umfang der Fehlzeiten sprengt alle Erfahrungswerte. Die Ergebnisse der Klassenarbeiten liegen weit unter dem Wert der anderen 8. Klassen und die Lautstärke im Klassenzimmer macht ein geregeltes Unterrichten fast unmöglich. Daniel Rott ist unverbraucht und optimistisch genug, um die Klasse nicht vorschnell aufzugeben. Aber der Klassenlehrer weiß auch, dass es noch einer langen Wegstrecke und mancher Geduldsprobe bedarf, um die Schüler seiner 8b wieder auf Kurs zu bringen. Der Solidarität seiner Kollegen kann sich der Berufsanfänger dabei nicht sicher sein. Im Gegenteil: Was immer die Fachlehrer an der Klasse auszusetzen haben – umgehend wird daraus ein Vorwurf an die Adresse des Klassenlehrers. „So kann das nicht weitergehen", hört Herr Rott dann jedes Mal in der Kaffeeküche des Lehrerzimmers. „Sie sind doch der Klassenlehrer. Da müssen Sie doch endlich etwas unternehmen." Fast hat der frustrierte Junglehrer den Eindruck, die anderen Lehrkräfte hielten sich hier lieber zurück, um die ganze Verantwortung auf den ohnehin gebeutelten Klassenlehrer abzuwälzen.

Da empfindet es Herr Rott fast schon als eine freundliche Geste, als ihn eines Tages ein altgedienter Lehrer zur Seite nimmt, um ihm seine Strategie für den Umgang mit Problemklassen zu erläutern: „Die 8b hat doch viel zu viele Schüler, die da überhaupt nicht hineingehören. Seien Sie deshalb nicht so großzügig in der Notengebung. Je mehr Fünfer und Sechser Sie verteilen, umso mehr Schüler werden die Klasse freiwillig verlassen. Und ahnden Sie jedes Fehlverhalten mit einer Strafe – dann haben Sie eine Handhabe, um die vielen Tunichtgute endlich loszuwerden. Ich sage Ihnen, wie es ist: Das ganze Unkraut muss weg!"

Belehrungen dieser Qualität würde sich der junge Kollege am liebsten ganz verbitten. Vor allem stört ihn dabei die **Ausdrucksweise**, mit der hier über unliebsame Schüler gesprochen wird. Denn hinter solchen sprachlichen Entgleisungen vermutet Daniel Rott wohl nicht zu Unrecht pädagogische Fehlhaltungen. Deshalb sollte sich der solchermaßen Belehrte zunächst von der Sprachwahl des Kollegen distanzieren:

„Entschuldigen Sie, aber das kann ich so nicht stehen lassen: Es widerstrebt mir grundsätzlich, Schüler als Unkraut zu bezeichnen. Unkraut gehört nach unserem Alltagsverständnis vernichtet. Diese Wortbedeutung schwingt deshalb immer mit. Vom Unkraut zum Ungeziefer ist es dann nicht mehr weit. Und Sie wissen so gut wie ich, welche unheilvolle Tradition sich mit diesem Begriff verbindet."

Soviel semantische Korrektheit muss einfach sein. Darüber hinaus sollte der junge Lehrer aber auch klarstellen, dass ihm die hier entwickelte **Strategie des Hinausekelns kaum tauglich** erscheint, um die pädagogischen Probleme seiner Klasse zu lösen:

„Im Leitbild unserer Schule verpflichten wir uns, keinen Schüler abzuhängen oder zurückzulassen. Deshalb kann ich keinen Sinn darin erkennen, die Notenschrauben so anzuziehen, dass die Schüler von sich aus aufgeben. Oder das Strafenkonto eines Schülers so zu füllen, dass eine Entlassung unvermeidbar erscheint. Ich möchte um jeden Schüler kämpfen – und sei er noch so frech, fies oder faul."

Der Kollege muss akzeptieren, dass ihn sein Dienstalter allein noch nicht dazu berechtigt, anderen derart fragwürdige Lektionen zu erteilen.

Dennoch sollte Herr Rott in diesen ungebetenen Ratschlägen eine **Warnung** sehen, die er als Klassenlehrer nicht auf die leichte Schulter nehmen darf. Offensichtlich verdächtigen ihn manche Fachlehrer, die Zustände in der 8b einfach so hinzunehmen und nicht beherzt dagegen anzugehen. Deshalb sollte Herr Rott in die **Offensive** gehen: Er sollte die Fachlehrer der Klasse regelmäßig direkt ansprechen und sich nach ihren aktuellen Erfahrungen mit der 8b erkundigen. Schließlich können ihm deren Leistungs- und Verhaltensprobleme nicht angelastet werden:

„Wie Sie wissen, macht uns die Klasse derzeit große Sorgen. Was ist denn Ihr aktueller Eindruck von der Situation der Klasse? Hat sich an der Arbeitshaltung der Schüler und dem Klassenklima etwas geändert? Sie werden verstehen, wenn ich mich als Klassenlehrer immer auf dem Laufenden halten möchte."

Hinter dieser sachlich und routiniert vorgetragenen Anfrage steckt eine Botschaft, die sich die Fachlehrer zu Herzen nehmen sollten: Herr Rott erinnert sie daran, dass sie die 8b nicht von vorneherein als Problemklasse abstempeln, sondern sich auf die angeblich so schwierigen Schüler tatsächlich einlassen sollten. Vielleicht würden ihnen dann auch kleine Signale einer möglichen Verhaltensumkehr auffallen: Sie würden dann vielleicht registrieren, dass die Klasse ihre Probleme mit dem Zuspätkommen inzwischen im Griff hat, dass sich mehr Schüler in das Unterrichtsgespräch einbringen oder dass die besonders Aufsässigen von den anderen zurückgepfiffen werden. Durch seine **regelmäßigen Rückfragen** könnte Daniel Rott die Kollegen daran erinnern, dass sie mit der 8b noch lange nicht fertig sind.

Die nächste **Klassenkonferenz** wäre für Herrn Rott eine gute Gelegenheit, um seine Offensive fortzusetzen und auch die Betonköpfe innerhalb des Kollegiums mit einem ganzen **Bündel geeigneter Maßnahmen** für die Klasse zu konfrontieren:

> *„In der letzten Sitzung haben sich manche von Ihnen über die nachlassende Arbeitshaltung, die andauernde Unruhe und den grenzwertigen Umgangston in der 8b beklagt. Ich nehme solche Beobachtungen sehr ernst. Ich habe deshalb einen zusätzlichen Elternabend angesetzt, für die 8b einen Klassentag organisiert und den Rat der Schulpsychologin eingeholt. Die ersten Ergebnisse dieser Anstrengungen kennen sie bereits: Die Klasse hat eine neue Sitzordnung akzeptieren müssen, an einem Nachmittag in der Woche findet ein Hausaufgabentraining statt und jeder Schüler muss sich einmal im Halbjahr zum „Durchgang" melden. Ich würde es begrüßen, wenn diese Schritte von Ihnen mitgetragen werden könnten. Und ich darf Sie um eine Rückmeldung bitten, ob sich das Klima in der 8b dadurch tatsächlich verbessert."*

Mit dieser **Agenda** geht Herr Rott wieder in die Offensive: Er muss sich nicht länger rechtfertigen, wenn in der Klasse wieder irgendetwas schiefläuft. Und er muss sich keine Belehrungen darüber anhören, wie sich eine solche Problemklasse erfolgreich ausdünnen lässt.

Stattdessen müssen die Kollegen akzeptieren, dass die Maßnahmen des Klassenlehrers vielleicht doch Wirkung zeigen. Und dass sich das vermeintliche Unkraut als ein durchaus interessantes Ensemble von Zier- und Nutzpflanzen entpuppt.

Von ihrem Lehrer könnte die 8b lernen, ihren schlechten Ruf nicht einfach so hinzunehmen, sondern von sich aus in die Offensive zu gehen. Die Schüler könnten zu einem ➔ **Lehrerabend** einladen, um sich mit ihren Lehrkräften über die pädagogische Situation der Klasse auszutauschen.

Eine Problemklasse stellt sich der Kritik: Der Lehrerabend

Sicher kommt es auch an Ihrer Schule immer wieder vor, dass eine Klasse als Problemklasse verschrien ist und dass sie diesen Ruf einfach nicht mehr loswird. Unter dieser **Stigmatisierung** hat dann jeweils auch der verantwortliche Klassenlehrer zu leiden, der für den Zustand seiner Klasse in Haftung genommen wird. Insofern ist das Schicksal von Herrn Rott kein Einzelfall.

In dieser Situation laden die Schüler – vielleicht auch auf Anregung von Herrn Rott – zu einer **Gesprächsrunde** ein. Ein solcher Lehrerabend verläuft ähnlich wie ein Elternabend – nur dass es hier die Lehrer sind, die ihre Probleme vortragen und **von den Schülern einen Lösungsvorschlag** erwarten.

So könnten die betroffenen Lehrkräfte die folgende Einladung in ihren Fächern vorfinden:

Liebe Lehrerinnen und Lehrer der Klasse 8b,

immer wieder hat Ihnen unsere Klasse in letzter Zeit Anlass gegeben, mit unseren Leistungen und mit unserem Verhalten unzufrieden zu sein. Auch Strafen und schlechte Noten haben daran bisher nichts ändern können.

Wir dürfen Sie deshalb zu einem

LEHRERABEND

einladen, bei dem wir uns Ihren Beobachtungen und Ihrer Kritik stellen und gemeinsam mit Ihnen nach geeigneten Lösungsansätzen suchen wollen.

Diese Aussprache über die Probleme in und mit unserer Klasse soll am Dienstag, den 21. November, um 18.00 Uhr im Ganztags-Café unserer Schule stattfinden.

Wir würden uns freuen, wenn Sie sich auf dieses Angebot einlassen würden und möglichst vollständig an diesem Lehrerabend teilnehmen könnten.

Leonie Fuchs
(1. Klassensprecherin)

Emre Hizli
(2. Klassensprecher)

Der **Ablauf** eines solchen Lehrerabend ergibt sich aus seiner Aufgabenstellung: Zunächst sollen die Lehrkräfte Gelegenheit haben, ihre Kritik an der Klasse vorzutragen und ihren angestauten Ärger loszuwerden. Die Schüler können Nachfragen stellen oder um die eine oder andere Präzisierung bitten. Sie sollten aber darauf verzichten, sich vor ihren Lehrern rechtfertigen zu wollen. Schließlich ist ein Lehrerabend kein Tribunal. Die **Klassensprecher** moderieren den Abend.

Eine attraktive und praktikable Methode, um ein solches **Stimmungsbild einzuholen**, ist der **Meinungsbaum**: Dazu erhält jeder Lehrer einen Haftzettel, auf dem ein Aspekt der pädagogischen Gesamtsituation notiert ist. Das sind z. B. Stichwörter wie „Hausaufgaben", „Arbeitsatmosphäre", „Fehlzeiten" oder „Mitarbeit", die von den Lehrkräften eher kritisch gesehen werden. Die Haftzettel erinnern aber auch an den „Zusammenhalt in der Klasse", das „Verhältnis von Jungen und Mädchen" oder die „Unterstützung schwächerer Schüler". Aufgabe der Lehrer ist es, ihren Haftzettel auf einen Kartenständer aufzukleben: Je mehr es für die Lehrkräfte zu beanstanden gibt, umso höher rutscht ihr Haftzettel mit dem entsprechenden Stichwort. Je weniger ein Aspekt des Klassenlebens Probleme macht, umso tiefer wird der Haftzettel platziert. Im Anschluss geben die Moderatoren den Lehrkräften Gelegenheit, zu erklären, warum diese ein bestimmtes Stichwort so weit oben oder unten platziert haben.

Anschließend bitten sie die Mitschüler und die Lehrkräfte um **Vorschläge**, wie sich die Situation der Klasse dauerhaft verbessern ließe. Jede Idee ist willkommen, jede Anregung wird auf einem Flipchart festgehalten. Anschließend werden gemeinsam die interessantesten Vorschläge herausgefiltert und auf ihre Umsetzbarkeit hin überprüft.

Am Ende eines solchen Abends sollten sich Lehrer und Schüler auf eine **Agenda pädagogischer Maßnahmen** verständigen. Denn die Situation einer Problemklasse lässt sich bekanntlich nur gemeinsam mit den Schülern verbessern – und nicht gegen sie. So könnte das Gespräch mit den Lehrkräften der 8b zur Folge haben, dass ...

- eine Stunde in der Woche freigehalten wird, um die Schüler mit den wichtigsten Lern- und Arbeitsmethoden vertraut zu machen.
- Schülern, die immer wieder ohne Hausaufgaben zum Unterricht erscheinen, ein Coach aus der eigenen Klasse an die Seite gestellt wird.
- den versetzungsgefährdeten Schülern unmittelbar vor Beginn des zweiten Halbjahres ein eigenes Motivationstraining angeboten wird.

- künftig eine Klassenarbeit in jedem Fach durch eine Projektarbeit oder ein Entwicklungsportfolio ersetzt werden kann.
- auf dem Pult des Klassenzimmers eine Ampel installiert wird, die beim Erreichen eines bestimmten Lärmpegels auf Rot springt.
- das Klassenzimmer im Rahmen eines Werktags mit schallschluckenden Materialien ausgestattet wird.
- sich mehrere Schüler der Klasse zu Mediatoren ausbilden lassen, um bei kleineren oder größeren Auseinandersetzungen zu vermitteln.
- Schüler, die sich danebenbenommen haben, mit einem Tadel bestraft werden[15].

Auch Kollegen, die eine vermeintliche Problemklasse längst abgeschrieben haben, zeigen sich im Rahmen des Lehrerabends eher von ihrer nachsichtigen Seite. Sie wissen es sehr wohl zu würdigen, dass sich die jungen Leute ihrer **Kritik** stellen und zusammen mit ihnen nach **Auswegen** aus der verfahrenen Situation suchen.

Umgekehrt rechnet es die Klasse jedem Lehrer hoch an, der auf seinen freien Abend verzichtet, um sich mit den Schülern auf Augenhöhe über die Situation ihrer Klasse auszutauschen.

Deswegen berichten Schüler wie Lehrer nach einem solchen Abend oft, dass sich **beide Seiten aufeinander zubewegt** hätten und dass sich die Atmosphäre im Klassenzimmer danach deutlich entspannt habe. Und niemand wird dem Klassenlehrer mehr vorwerfen wollen, einem Einbruch der Leistungen und einer Eskalation der Konflikte tatenlos zugesehen zu haben.

Ein Fall von Schülermissbrauch

Zu den langweiligsten Beschäftigungen eines Lehrers gehört die Pausenaufsicht. Denn es stellt keine wirkliche Herausforderung dar, die Schüler aus den Gängen und Treppenhäusern zu vertreiben und sie unter gutem Zureden in die Pausenhalle zu lotsen. Es verspricht auch wenig Abwechslung, das Treiben auf dem Pausenhof im Auge zu behalten und bei kleineren Rempeleien oder Raufereien schlichtend einzugreifen. Zumal die Aufsicht führenden Lehrkräfte eigentlich selbst eine Auszeit bräuchten, um einmal durchzuatmen und neue Kräfte für die kommenden Stunden zu sammeln. Glücklich kann sich da schätzen, wer während der Pausenaufsicht einen Kollegen an seiner Seite hat.

Frau Graner gehört zu diesen Glücklichen, denn sie teilt sich die Hofaufsicht mit einer erfahrenen Lehrerin, mit der sich die junge Mutter gerne austauscht. Schließlich erhofft sie sich von der älteren Kollegin Hilfen und Tipps, wie sich die Belastungen in Beruf und Familie möglichst reibungsarm miteinander vereinbaren lassen. Wenig vorbildlich erscheinen ihr allerdings die erzieherischen Maßnahmen, mit denen die Kollegin im Pausenhof für Ruhe und Ordnung sorgt: Da wird ein Schüler schon einmal dazu verdonnert, die Pausenordnung der Schule abzuschreiben. Und ein anderes Mal verhängt die leidlich verhärmte Kollegin über ein frisch verliebtes Pärchen doch tatsächlich ein „Knutschverbot". Als ihr im Eifer des Gefechts ein benutztes Papiertaschenbuch zu Boden fällt, schnappt sich die resolute Lehrerin einen unbeteiligten Schüler und beauftragt ihn, die zusammengeknüllte „Rotzfahne" vom Boden aufzuheben und in der nächsten Abfalltonne zu entsorgen. „Das ist ein Befehl!", gibt sie dem reichlich verunsicherten Schüler mit auf den Weg – um sich dann wieder mit den Details der Babypflege und des Kinderfreibetrags zu beschäftigen. Frau Graner aber hat keine große Lust, der Kollegin diese pädagogische Fehlleistung einfach so durchgehen zu lassen. So viel Zivilcourage ist sie sich jetzt selbst schuldig.

Cordula Graner hat sich angewöhnt, ihren Ärger über andere erst einmal zu sortieren und zu bewerten. Dabei fragt sie sich jedes Mal: „Was stört mich an dieser Situation überhaupt? Warum fühle ich mich hier persönlich betroffen? Und warum bin ich deswegen so aufgebracht?" Diese **Selbstanalyse** sollte jeder Auseinandersetzung mit einem Schüler oder mit einem Kollegen vorgeschaltet werden.

Vielleicht ist sich Frau Graner gar nicht sicher, ob die Kollegin ganz bewusst so gehandelt hat oder ob ihr hier nur ein Irrtum unterlaufen ist. Schließlich gilt sie an der ganzen Schule als eine reichlich verpeilte Lehrkraft. Deshalb sollte hier erst einmal der **Sachstand geklärt** werden:

„Sie werden es vielleicht gar nicht bemerkt haben: Aber es war Ihr Taschentuch, das der Schüler da aufheben und wegbringen sollte. Ich habe gesehen, wie es aus Ihrer Jackentasche auf den Boden gefallen ist. Deswegen hat der Junge wahrscheinlich auch so ungläubig reagiert."

Hier baut Frau Graner ihrer Kollegin eine komfortable Brücke. Diese müsste ihren Irrtum nur eingestehen – und schon ließe sich ein möglicher Konflikt aus der Welt räumen. Und noch dazu ohne jeden Gesichtsverlust.

Oft ist den Kollegen aber jedes **Unrechtsbewusstsein** fremd. Sie sind viel zu unsensibel, um sich die Fragwürdigkeit ihres Tuns einzugestehen, und lehnen schon deshalb jede Hilfestellung ab. Dann sollten sie aber wenigstens die Außenwirkung ihres Tuns kritisch sehen:

„Im Umgang mit Schülern hat jeder von uns seinen eigenen Stil. Da will ich Ihnen auch gar nicht hineinreden. Aber wie kommt so etwas innerhalb und außerhalb der Schule an? Da wird es dann heißen, die Lehrkräfte unserer Schule ließen sämtliche Unappetitlichkeiten von den Schülern erledigen. Schon deshalb wäre es wohl besser gewesen, wenn Sie das Taschentuch selber aufgehoben hätten."

Vielleicht macht es wenig Sinn, an den pädagogischen Ethos der Kollegin zu appellieren. Aber ein sachlich vorgetragener Hinweis auf die **fehlende Kollegialität** dürfte seine Wirkung nicht verfehlen. Schließlich ist gerade eine pluralistisch aufgestellte Schule auf gewisse kollegiale Spielregeln angewiesen. Und gegen die wurde hier ganz eindeutig verstoßen:

„Die Schüler sehen uns hier immer wieder ins Gespräch vertieft. Und deshalb erleben sie uns offenkundig als Team. Durch dieses Auftreten im Doppelpack widerlegen wir das gängige Vorurteil, das den Lehrer als einen unbelehrbaren Einzelkämpfer beschreibt. Wenn wir aber schon als Team wahrgenommen werden, dann sollte es zwischen uns auch ein Mindestmaß an Übereinstimmung geben. Und das sollte sich vor allem im Umgang mit pädagogischen Konflikten zeigen. In der Sache mit dem Taschentuch aber hätte ich ganz anders gehandelt."

Mit dieser Antwort setzt sich Frau Graner allerdings dem Vorwurf aus, einen eher nebensächlichen Vorfall dramatisieren zu wollen. Sie könnte sich dadurch den Ruf einhandeln, aus einer Mücke jeweils einen Elefanten zu machen. Deshalb sollte sie die Kollegin auf den eigentlichen Kern des Problems ansprechen. Schließlich handelt es sich hier um einen Fall grober **Ungerechtigkeit**:

> *„Nach meinem Verständnis gilt auch in der Pädagogik das Verursacherprinzip: Wer etwas ausgefressen hat, muss den Schaden wiedergutmachen. Das erscheint auch den Schülern logisch und wird von diesen deshalb ganz selbstverständlich akzeptiert. Sie aber haben den Schüler für etwas bestraft, für das er überhaupt nichts kann. Denn die Entsorgung eines gebrauchten Taschentuchs ist eine Strafe – in diesem Fall aber keine gerechte. Ganz anders wäre es gewesen, wenn der Junge sein eigenes Taschentuch achtlos weggeworfen hätte. Da hätte diese Sanktion wirklich Sinn gemacht."*

Vielleicht war es gerade diese Ungerechtigkeit, die Cordula Graner so aufgebracht hat. Sie ist fest davon überzeugt, dass die Schule auf bestimmte **Sanktionen** nicht verzichten kann. Aber ihr ist es ganz wichtig, dass es dabei immer gerecht, transparent und verhältnismäßig zugehen sollte.

Darüber hinaus versucht sie gerade bei solchen Konflikten immer, sich in die **Situation des Schülers** hineinzuversetzen:

> *„Was empfindet ein Schüler, wenn er einen abgenagten Apfelrest, einen ausgespuckten Kaugummi oder ein gebrauchtes Taschentuch aufheben und entsorgen muss? Er empfindet vermutlich Ekel, fühlt sich benutzt und schikaniert. Vielleicht muss er sogar die Häme seiner Mitschüler aushalten, die diese Ekelaufgabe mit Grinsen und Schadenfreude quittieren. Ein solcher Befehl setzt ihm deshalb mutmaßlich mehr zu als irgendeine Strafarbeit. Wenn er sich noch dazu keiner Schuld bewusst ist, kann er doch nur mit Rückzug und Verweigerung reagieren. Wir sollten ihm aber keinen Anlass geben, an den Anordnungen der Erwachsenen zu zweifeln. Deshalb kann ich Ihr Verhalten in diesem Punkt nicht nachvollziehen."*

Damit wäre alles gesagt. Frau Graner hat alle Argumente geprüft – und ist doch immer zum selben Schluss gekommen. Es bleibt nun ihrer Einschätzung der Situation und der Kollegin überlassen, wie sie ihre Kritik begründet. Viel wichtiger aber ist, dass sie sich hier nicht weggeduckt, sondern dem **unvermeidlichen Konflikt** mutig gestellt hat.

Solche **pädagogischen Entgleisungen** können immer wieder vorkommen. Durch die Berufung eines → **Ombudsmanns** kann die Schule dafür sorgen, dass sich solche Ausfälle nicht wiederholen und dass die betroffenen Schüler nicht länger der eigenen Ohnmacht ausgesetzt bleiben.

Ein Fachmann für pädagogische Grauzonen: Der Ombudsmann

Über manche **pädagogischen Verhaltensweisen** kann man streiten: Ob die Schüler zu Beginn des Unterrichts aufzustehen haben oder sie ihre Lehrkräfte mit Vornamen anreden dürfen – dazu ließen sich zahlreiche Argumente und Gegenargumente finden. Sicher gibt es auch an Ihrer Schule zahlreiche Beispiele für ähnliche Diskussionen.

Manchmal kommt es aber auch zu **Vorfällen**, bei denen sich jede Diskussion erübrigt. Hier verhalten sich einzelne Kollegen so, dass man es kaum glauben möchte. Und an fast allen Schulen werden solche Fälle wie die folgenden über den Flurfunk kommuniziert:

- Ein Sozialkundelehrer diktiert den Schülern seiner 9. Klasse ins Heft: „Alle Menschen verfügen über gleiche und unveräußerliche Rechte – sogar Frauen." Und das ist durchaus ernst gemeint.
- Eine Lehrerin verbietet den Schülern, während ihrer Stunden die Toilette aufzusuchen, es sei denn, sie können ein fachärztliches Attest vorweisen. Dazu wird im Klassenbuch eine „Blasen-Schwäche-Liste" angelegt.
- Ein Mathematiklehrer sammelt alle unterrichtsfremden Gegenstände ein und schmeißt sie in weitem Bogen aus dem Fenster. Der Schulgarten ist inzwischen von solchen Hinterlassenschaften übersät.
- Ein Anhänger des 1. FC Nürnberg verlangt von allen Jungen, die ein T-Shirt des Rivalen Bayern München tragen, dieses auszuziehen. Sie müssen den Rest der Stunde mit nacktem Oberkörper verfolgen.
- Die Lehrerin einer 5. Klasse hat sich eine ganz besondere Strafe für die Jungen ausgedacht: Wenn ein Junge den Unterricht durch Schwätzen stört, muss er sich bis zum Ende der Stunde auf ihren Schoß setzen.
- Eine evangelikale Lehrerin greift ein, wenn sie eine Schülerin in der Mittagspause mit einem Harry-Potter-Roman erwischt. Das Buch wird dann in Gewahrsam genommen und später an die Eltern zurückgegeben.

Wie hier mit den Schülern umgegangen wird, verschlägt einem glatt die Sprache. Deshalb bedarf es einer **verlässlichen Instanz**, damit die Schüler solche Vorfälle melden können und in ihrer Hilflosigkeit nicht auf sich selbst gestellt sind. Eigentlich wäre hier der **Vertrauenslehrer** gefordert. Dessen Einspruchsmöglichkeiten sind aber eher begrenzt. So gehört es zu seinen Aufgaben, seine Klientel in schulrechtlichen Fragen zu beraten und bei Konflikten zwischen

Lehrern und Schülern zu vermitteln.[16] Der Vertrauenslehrer hat also z. B. einzugreifen, wenn sich ein Schüler ungerecht behandelt fühlt. Was aber passiert, wenn der Einspruch nicht vom Betroffenen selbst kommt – sondern wenn es seine Mitschüler sind, die hier die Grenze des guten Geschmacks verletzt sehen? In diesem Fall sind dem Vertrauenslehrer die Hände gebunden. Denn er hat kein Mandat, um hier aktiv zu werden und die Sache des betroffenen Schülers zu vertreten.

Diese **offenkundige Leerstelle** könnte ein Ombudsmann oder eine Ombudsfrau ausfüllen. Haben doch die bekannt gewordenen Fälle sexuellen Missbrauchs gezeigt, dass an Schulen eine entsprechende Anlaufstelle fehlt. Die betroffenen Jungen und Mädchen hatten offensichtlich niemanden, dem sie sich in ihrer Not anvertrauen konnten. Und auch Mitschüler, die davon etwas mitbekommen hatten, mussten ihr Wissen für sich behalten.

Anders als der Vertrauenslehrer kann der **Ombudsmann angerufen** werden, wenn …

- kein offenkundiger Konflikt vorliegt, sondern es sich ganz allgemein um ein pädagogisches Fehlverhalten handelt.
- ein Schüler in einem Fall keine handfesten Beweise anbieten kann, sondern lediglich Verdachtsmomente mitteilen möchte.
- ein Schüler nicht selber betroffen ist, aber die Leiden anderer nicht länger ansehen kann.
- ein Schüler auf die absolute Verschwiegenheit seines Gegenübers angewiesen ist – gerade auch in heiklen Zusammenhängen.

Als Ombudsmann kommt eine Persönlichkeit in Frage, die bei den Schülern großes **Vertrauen** genießt und auf deren **Verschwiegenheit** man sich wirklich verlassen kann. Von ihrer Profession und von ihrem Status her würde das z. B. für die Schulsozialpädagogin oder für den Schulseelsorger gelten. Beide haben sich innerhalb der Schule eine besondere Stellung bewahrt und beide wissen auch, was im Zusammenhang mit Scham und Beschämung zu tun ist. Hier kann das Gespräch mit den beteiligten Lehrkräften ebenso Sinn machen wie die Einbeziehung der Schulleitung oder die Kontaktierung außerschulischer Experten.

Im Funktionsgefüge der Schule sind **pädagogische Grauzonen** bisher kaum berücksichtigt. Mit der Berufung eines Ombudsmanns könnte sich das an Ihrer Schule ändern.

Vertrauen ist gut, Kontrolle ist besser

Das Klassenzimmer ist für Frau Bliefert ein geschützter Raum. Hinter seinen Türen beginnt für sie das ausgedehnte Reich pädagogischer Freiheiten. Hier hat sie weder auf irgendwelche Kollegen noch auf die Schulleitung Rücksicht zu nehmen. Hier fühlt sie sich von niemandem beobachtet, bewertet oder beneidet. Sie entscheidet selbst, ob bei ihr die Schüler in 2er-Reihen sitzen oder an Gruppentischen Platz nehmen. Und es ist ihre Sache, ob bei ihr der Frontalunterricht oder das eigenverantwortliche Lernen überwiegt. „My classroom is my castle", hat Jasmin Bliefert im Referendariat gelernt – und diese Einsicht ist für sie Verheißung.

Manchmal geht es im geschützten Raum des Klassenzimmers freilich auch etwas lauter zu. Das ist z. B. dann der Fall, wenn die Schüler an einer praktischen Aufgabe arbeiten oder wenn sie einen Lernzirkel absolvieren. Der überdurchschnittliche Lärmpegel hat dann allerdings nichts mit irgendwelchen Disziplinproblemen zu tun, sondern ist ganz allein einer größeren Schüleraktivität geschuldet. Deshalb glaubt Jasmin Bliefert auch, das erhöhte Lärmaufkommen in ihrer Klasse verantworten zu können. Eines Morgens sind die Schüler gerade dabei, sich in die komplizierte Materie der Plattentektonik einzuarbeiten; der Unterricht ist dazu nach dem Modell eines Gruppenpuzzles organisiert. Die Kollegin, die im Klassenzimmer nebenan unterrichtet, sieht das offensichtlich anders. Die Repräsentantin der alten Paukpädagogik erscheint plötzlich im Türrahmen des Klassenzimmers. Noch bevor sie sich einen Überblick über die Gesamtsituation verschaffen kann, herrscht sie die verblüfften Schüler an: „Was ist denn hier los? Nennt ihr das vielleicht Unterricht? Oder was geht hier eigentlich ab?" Es ist mucksmäuschenstill, als die Kollegin Frau Bliefert inmitten ihrer Schüler entdeckt. Da bleibt der Lehrerin nur die Flucht in die Ironie: „Entschuldigung. Ich konnte ja nicht wissen, dass sich auch eine Kollegin im Raum befindet und dass hier offensichtlich unterrichtet wird. Es hört sich jedenfalls ganz anders an."

Jasmin Bliefert fühlt sich so, als hätten feindliche Truppen soeben ihr ureigenstes Territorium eingenommen.

An Frau Bliefert liegt es nun, inwieweit sie sich auf den hier abzeichnenden Konflikt einlassen oder diesem doch lieber aus dem Weg gehen möchte.

So könnte sie sich in dieser Situation ganz unbefangen geben und der erfahrenen Kollegin die **Naivität der besonders engagierten Pädagogin** entgegensetzen:

> *„Im Eifer des Gefechts haben wir ganz vergessen, dass es vielleicht etwas laut geworden ist. Das kann bei einem solchen Gruppenpuzzle manchmal vorkommen. Gut, dass Sie uns darauf aufmerksam gemacht haben, denn wir wollen die anderen Klassen ja nicht stören. Deshalb werden wir künftig auch besser aufpassen."*

Wahrscheinlich könnte sich Frau Bliefert damit weiteren Ärger ersparen. Gleichzeitig wäre eine solche Reaktion aber auch ein Verrat gegenüber den eigenen Ansprüchen. Schließlich ist sie von einer Kollegin vor den eigenen Schülern bloßgestellt worden. Und außerdem steht sie dazu, dass solche schüleraktivierenden Arbeitsformen ein gewisses Lärmaufkommen nach sich ziehen.

Genauso falsch aber wäre es, sich mit der Kollegin vor den Schülern auf einen **Wortwechsel** einzulassen. Die würden einen solchen „Hennenkampf" zwar belustigt verfolgen – aber die Autorität der beiden Lehrerinnen wäre doch dauerhaft beschädigt:

> *„Nehmen Sie bitte zur Kenntnis, dass Sie sehr wohl in eine Unterrichtsstunde hineingeplatzt sind. Und dass hier mit Methoden gearbeitet wird, die Ihnen selbst vielleicht fremd sein mögen – deren Effektivität aber inzwischen allgemein anerkannt ist. Übrigens: Für die Lautstärke im Klassenzimmer bin immer noch ich als zuständige Fachlehrerin verantwortlich. Und diese Verantwortung möchte ich mir nicht nehmen lassen."*

Mit einer solchen Zurechtweisung würde Frau Bliefert gegen ein fundamentales Prinzip allen professionellen Handelns verstoßen: Auseinandersetzungen zwischen Lehrkräften dürfen in keinem Fall vor den Schülern ausgetragen werden. Diese würden dadurch nur verunsichert.

Deshalb sollte Jasmin Bliefert abwarten, bis sie die **Kollegin unter vier Augen sprechen** kann: im Kopierraum, in der Kaffeeküche oder im Kartenzimmer. Hier sollte sie ihr dann aber unmissverständlich klarmachen, dass dieses Verhalten nicht zu akzeptieren ist. Sie könnte sich dabei auf eine nur formale Argumentation zurückziehen:

> *„Was immer Sie an meinem Unterricht auch auszusetzen haben: Teilen Sie mir diese Bedenken mit, aber lassen Sie nicht die ganze Klasse daran teilhaben. Durch Ihren Auftritt haben Sie mich heute vor den Schülern lächerlich gemacht und meine Autorität untergraben. Ich halte das für ein ganz und gar unkollegiales Verhalten. Und ich kann Sie nur auffordern, auf solche Aktionen ganz zu verzichten."*

Solchen **formalen Einwänden** hätte die Angesprochene kaum etwas entgegenzusetzen. Denn auch sie sollte mit der kollegialen Etikette soweit vertraut sein, dass sie um ihr eigenes Fehlverhalten weiß.

Darüber hinaus könnte sich Frau Bliefert aber auch auf eine **inhaltliche Auseinandersetzung** einlassen. Schließlich verfügt sie auch hier über die besseren Argumente – auch wenn diese der Kollegin noch einmal in Erinnerung gerufen werden müssten:

> *„Lernpsychologen haben herausgefunden: Nur 10% dessen, was ein Schüler im Unterricht hört, bleibt tatsächlich hängen. Bei den Vorgängen aber, an denen er selber aktiv beteiligt ist, sind es 90%. Mit kooperativen Arbeitsformen, wie dem Gruppenpuzzle, lässt sich die Effektivität des Unterrichts merklich steigern. Das Arbeiten in Gruppen hat freilich auch seinen Preis: Es kann beim Umstellen der Tische oder bei einem Wechsel der Gruppen auch einmal etwas lauter werden. Das aber ist kein Dauerzustand und sollte von den anderen Klassen und deren Lehrkräften deshalb toleriert werden. Und darum würde ich auch Sie bitten."*

Vielleicht könnte Frau Bliefert dieser Erläuterung noch einen **allgemein gehaltenen Appell** folgen lassen: Eine plural aufgestellte Schule lebt davon, dass hier unterschiedliche Erziehungsstile und Unterrichtsmethoden praktiziert werden. Gegenseitiges Verständnis dafür könnte z. B. ein ➜ **Lehrertandem** fördern. So soll auch die Kollegin schließlich wissen: Wenn man sich an einer Schule wirklich vertraut, dürften sich solche Kontrollbesuche eigentlich erübrigen.

Gemeinsam gegen die Betriebsblindheit: Das Lehrertandem

Der Konflikt der beiden Lehrerinnen hätte sich auch ohne gegenseitige Zurechtweisungen und Herabsetzungen austragen lassen. Im Kern wird sich allerdings nicht vermeiden lassen, dass es im pädagogischen Alltag immer wieder zu einer **Konfrontation unterschiedlicher Persönlichkeiten** kommt, die unterschiedliche Überzeugungen vertreten und unterschiedliche Prioritäten setzen.

Innerhalb der Schule wäre dann allerdings zu regeln, wie mit solchen Unterschieden umgegangen werden soll. Damit trotzdem ein **respektvoller Umgang** möglich ist, kann es nicht damit getan sein, einander gewähren zu lassen und die territorialen Ansprüche der anderen zu respektieren. Viel wichtiger ist es, sich untereinander besser kennenzulernen und sich regelmäßig miteinander auszutauschen. Am besten gelingt dies, wenn zwei Lehrkräfte gemeinsam ein Lehrertandem bilden.

So könnten Sie sich an Ihrer Schule darauf verständigen, dass solche 2er-Teams jeweils **zu Beginn des Schuljahres neu zusammengesetzt** werden.

Am effektivsten funktioniert die Arbeit im Tandem, wenn beide Lehrkräfte **dieselben Fächer** in derselben Klassenstufe unterrichten, weil sich hier eine inhaltliche Zusammenarbeit geradezu anbietet.

Darüber hinaus profitiert ein solches Team am meisten, wenn hier nicht die allerbesten Freunde zusammenwirken. Gerade wenn ein Tandem möglichst **heterogen zusammengesetzt** ist, entsteht jene kollegiale Reibung, die einen wirklichen Dialog erst ermöglicht.

Aufgabe des Lehrertandems ist es, ...

- sich regelmäßig über anstehende Vorhaben auszutauschen.
- Unterrichtseinheiten und Projekte gemeinsam vorzubereiten.
- sich gegenseitig bei der pädagogischen Arbeit zu beobachten.
- pädagogische Angebote arbeitsteilig durchzuführen.
- die Ergebnisse der gemeinsamen Arbeit zu dokumentieren.

Die Arbeit solcher Lehrertandems kann so dazu beitragen, das **Vertrauen** innerhalb eines Kollegiums zu stärken. Schließlich ist die pädagogische Arbeit der Einzelnen durch den regelmäßigen Austausch keine geheime Kommandosache mehr. Die Beteiligten lernen die Beweggründe anderer zu respektieren und dadurch deren pädagogische Arbeit wertzuschätzen.

Gleichzeitig hilft ihnen die Begutachtung ihrer pädagogischen Arbeit aus der Außenperspektive, bestimmte **Marotten und Verhaltensweisen**, die sich in der Routine vieler Dienstjahre eingeschlichen haben, auf den Prüfstand zu stellen und sich von diesen gegebenenfalls zu verabschieden. Es ist keine Schande, im Verlauf einer Lehrerbiografie etwas betriebsblind zu werden. Aber es stellt ein professionelles Versäumnis dar, diese Betriebsblindheit nicht aufbrechen zu wollen. Der kritische Blick des Tandempartners kann dabei eine wichtige Hilfe sein.

Mit **gegenseitigen Unterrichtsbesuchen** allein sollte ein Lehrertandem sich jedoch nicht begnügen. So ließe sich die **Arbeit** des Lehrertandems im Rhythmus eines Schuljahres mit seinen unterschiedlichen Terminen planen und organisieren:

Monat	Aktivitäten
August	Dagmar und Jens setzen sich gegen Ende der großen Ferien zusammen, um das neue Schuljahr zu planen und sich hinsichtlich ihrer Stoffverteilung und Themenfindung abzustimmen.
September	Die Elternabende für die Klassen der beiden Lehrkräfte finden getrennt statt, werden von ihnen aber gemeinsam vorbereitet.
Oktober	Beim Wandertag haben die Schüler beider Klassen die Wahl: Sie können mit Dagmar einen Rittertag verleben oder sich von Jens durch die Höhlen der Umgebung führen lassen.
November	Jens und Dagmar nutzen einen Sonntagnachmittag, um sich über die Erfahrungen ihrer gegenseitigen Unterrichtsbesuche auszutauschen.

Dezember	In den Klassen der beiden Lehrkräfte wird eine Klassenarbeit geschrieben, die die beiden gemeinsam vorbereiten, entwerfen und korrigieren.
Januar	Dagmar plant eine Unterrichtseinheit zur Zeit des Barock, während Jens eine Stundensequenz zu den Bauernkriegen vorbereitet. Erst werden diese Projekte in der eigenen Klasse durchgeführt – dann wird gewechselt.
Februar	Die beiden Lehrkräfte sprechen sich miteinander ab, wie sie die Arbeit im zweiten Halbjahr organisieren wollen und welche Vorhaben in beiden Klassen noch umzusetzen sind.
März	Dagmar und Jens bieten für die Schüler beider Klassen zwei Förderkurse an: „Mathematik für Begriffsstutzige" (mit Dagmar) und „Deutsch als Zweitsprache" (mit Jens).
April	In der Projektwoche übernimmt Dagmar die organisatorische Betreuung eines Projekts, während sich Jens um dessen inhaltliche Durchführung kümmert.
Mai	Die beiden Lehrkräfte ziehen eine Bilanz ihrer Zusammenarbeit und erstellen dazu einen Bericht, der später im Jahresbericht der Schule veröffentlicht wird.
Juni	Bei der Abschlussprüfung sind die beiden Lehrkräfte in ihren Klassen als Erstkorrektoren eingesetzt, während der Tandempartner anschließend die Arbeiten des anderen nachkorrigiert.
Juli	Zum Abschluss der gemeinsamen Schulzeit verleben beide Klassen zusammen eine Woche auf einer Berghütte – ein Aufenthalt, den Dagmar und Jens gemeinsam vorbereitet haben.

Für Jasmin Bliefert hätte es manche **Überwindung** gekostet, mit der ihr doch sehr fremden Kollegin gemeinsam ein Lehrertandem zu bilden. Und auch diese hätte wohl so manche Kröte zu schlucken gehabt, um mit Frau Bliefert kollegial und vertrauensvoll zusammenzuarbeiten.

Gerade wegen solcher gegenseitigen Vorbehalte aber hätten sich beide auf ein **spannendes Jahr** freuen können – und auf einen Zugewinn an Neugierde, Offenheit und Toleranz.

Macht und Eigenmacht

Frau Abele hat eingesehen, dass sie es als Klassenlehrerin nie allen recht machen kann. Das gilt nicht zuletzt für die Sitzordnung, die sie zu Beginn des Schuljahres in ihrer Klasse eingeführt hat. Dabei galt es, die Bedürfnisse der Schüler zu berücksichtigen, die unbedingt neben ihrer besten Freundin oder ihrem besten Kumpel sitzen wollten. Aber auch die Wünsche der Eltern sollten gewürdigt werden, die ihr Kind am liebsten ganz weit vorne platziert hätten. Nicht zuletzt mussten auch die Interessen der Kollegen bedient werden, für die eine klug austarierte Sitzordnung einen möglichst reibungslosen Unterricht garantieren soll. Außerdem musste Frau Abele auf eine möglichst ausgewogene Verteilung der vorlauten und eher zurückhaltenden Schüler achten. Die Sitzordnung ist eben ein Puzzle aus vielen Teilen, die ineinandergreifen müssen und die sorgfältig aufeinander abgestimmt sein wollen.

Verena Abele ist deshalb froh, dass sich die Klasse letztlich auf eine Sitzordnung verständigt hat, deren Verbindlichkeit von allen anerkannt wird. Allerdings musste sie den Schülern versprechen, die gefundene Lösung regelmäßig überprüfen zu lassen. So soll jeweils nach den Ferien neu geregelt werden, wer künftig neben wem zu sitzen hat.

Frau Abele weiß längst, dass die Sitzordnung auch über das methodische Profil des Unterrichts entscheidet. Sie hat ihre Schüler deshalb zu Tischgruppen zusammengefasst und diese über das Klassenzimmer verteilt – eine Anordnung, die die Einführung kooperativer Arbeitsformen erleichtert und größere Umbaumaßnahmen überflüssig macht. Von den Schülern wird diese Sitzordnung fraglos akzeptiert und auch die Kollegen scheinen sich inzwischen damit abgefunden zu haben – jedenfalls hatte Frau Abele lange Zeit diesen Eindruck. Ihre vielleicht doch etwas blauäugige Wahrnehmung holt die innovative Klassenlehrerin wenig später ein: Da begegnet ihr nämlich die Englischlehrerin auf dem Weg ins Klassenzimmer. Diese nimmt sich nicht die Zeit für größere Erklärungen, sondern teilt der verblüfften Verena Abele kurz, knapp und kompromisslos mit, dass sie die ungeliebte Sitzordnung von sich aus umgestellt hat: „Ich habe heute die Tischgruppen in Ihrer Klasse aufgelöst. Die Schüler sitzen jetzt wieder wie in anderen Klassen auch. Da habe ich sie einfach besser im Griff. Und auch die Kollegen werden mir das zu danken wissen. Es ist also für alle besser so."

Verena Abele fühlt sich um die Früchte ihrer bisherigen Arbeit betrogen.

Frau Abele muss nicht lange nachdenken, bis ihr klar ist: Wie auch immer sie in dieser Situation reagiert – sie hat ganz schlechte Karten. Denn die Englischkollegin hätte vermutlich kein Problem, die anderen Fachlehrer der Klasse hinter sich zu scharen und diese von ihrer Vorstellung einer adäquaten Sitzordnung zu überzeugen. Wenn es um Fragen der Anordnung von Tischen geht, setzen sich in den Lehrerzimmern in der Regel eher die beharrenden Kräfte durch. Da könnte Frau Abele eigentlich nur an ihre **Kernkompetenz als Klassenlehrerin** erinnern. Denn die Kollegin sollte wissen, dass sie sich in deren Aufgaben nicht ungefragt einzumischen hat:

> *„Die Sitzordnung festzulegen – das ist ganz alleine mein Job, auch wenn ich dazu gerne die Meinungen der anderen Lehrkräfte einhole. Mit Ihrem eigenmächtigen Handeln haben Sie sich eine Kompetenz angemaßt, die Ihnen überhaupt nicht zusteht. Ich darf Sie deshalb bitten, Ihre Entscheidung umgehend wieder rückgängig zu machen."*

Dem hätte die resolute Englischlehrerin wohl kaum etwas entgegenzusetzen. Damit bei Fragen der Sitzordnung oder der Gestaltung des Klassenzimmers **einheitliche Standards** gelten, bedarf es einer entsprechenden Koordination. Und diese Aufgabe ist nun einmal der Klassenlehrerin vorbehalten.

Vielleicht würde es Frau Abele aber vorziehen, auf solche formalen Einwände ganz zu verzichten und lieber der Durchschlagskraft ihrer **pädagogischen Beweggründe** vertrauen. Denn auch diese müsste die Englischlehrerin akzeptieren:

> *„In der Methodik und Fachdidaktik wird immer wieder der Einsatz kooperativer Arbeitsformen empfohlen. Der scheitert aber oft daran, dass damit ein hoher Aufwand verbunden ist. Es dauert nämlich seine Zeit, bis das Mobiliar umgeräumt ist. Da macht es doch Sinn, geeignete Tischgruppen von Anfang an im Klassenzimmer zu etablieren. Hier kann in Gruppen gearbeitet werden, ohne dass deswegen ganze Räumkommandos in Bewegung gesetzt werden müssen. Wer aber den Frontalunterricht vorzieht, hat deswegen keine Nachteile. Es gibt also überhaupt keinen Grund, die in der Klasse eingeführte Sitzordnung eigenmächtig auf den Kopf zu stellen."*

Eine solche Auseinandersetzung fair und solidarisch auszutragen – das erscheint im Nachhinein kaum möglich. Hier ist schon zu viel passiert, als dass der Konflikt keine Narben und keine Verhärtungen zurück gelassen hätte. Ganz anders sähe es aus, wenn Frau Abele ihre Vorstellungen von einer gruppentauglichen Sitzordnung rechtzeitig kommuniziert und die Kollegen davon unterrichtet hätte. So hätte sie eine entsprechende **Information im Klassenzimmer** aufhängen können:

An alle Lehrkräfte, die in diesem Raum unterrichten!

Die Tische und Stühle dieses Klassenzimmers sind zu Lerngruppen zusammengestellt. Und daran soll sich auch nichts ändern. Lehrkräfte, die hier regelmäßig unterrichten oder hier mit ihren Klassen zu Gast sind, können die Tische und Stühle in ihrem Sinne umstellen. Wir erwarten nur, dass das Klassenzimmer am Schluss genauso übergeben wird, wie Sie es vorgefunden haben. Das gilt auch für die hier eingeführte Sitzordnung. Ich wünsche mir, dass Sie sich im Klassenzimmer der 6c wohlfühlen.

Verena Abele, Klassenlehrerin

Solche schriftlichen Hinweise kommen nicht bei allen Kollegen gleich gut an. Deshalb hätte Frau Abele auch die **erste Klassenkonferenz** zu Beginn des Schuljahres nutzen können, um hier die Sitzordnung ihrer Klasse zur Diskussion zu stellen:

> *„Wie Sie bemerkt haben, habe ich in der Klasse eine verbindliche Sitzordnung eingeführt. Denn mit dem Prinzip der freien Platzwahl dürften Schüler einer 6. Klasse noch überfordert sein. Dabei habe ich die Schüler mitentscheiden lassen, wer künftig neben wem sitzen soll. Außerdem habe ich mich für das Modell der Gruppentische entschieden, damit in allen Fächern kooperative Arbeitsformen eingesetzt werden können. Für mich bedeutet das auch einen Beitrag zum sozialen Lernen."*

Es wäre klug gewesen, die Fachlehrer von Anfang an mit solchen Überlegungen zu konfrontieren.

Allerdings muss Frau Abele damit rechnen, dass die anderen Kollegen eine solche Ankündigung nicht einfach durchwinken. Sie hat sich also auf eine **lebhafte Debatte** einzurichten und muss auf entsprechenden Gegenwind gefasst sein. In der Regel setzen sich in solchen Auseinandersetzungen nämlich jene Kollegen durch, die an der traditionellen Sitzordnung festhalten wollen – so wie die Englischlehrerin der Klasse. Deshalb würde es Frau Abele helfen, wenn sie sich auf die Charta oder das **Leitbild ihrer Schule** berufen könnte. An vielen Schulen bekennen sich Schüler, Eltern und Lehrer in solchen Vereinbarungen zum Prinzip des kooperativen Lernens. Hier heißt es dann z. B.:

Niemand ist eine Insel. Deshalb sollen unsere Schüler lernen, sich mit anderen auszutauschen und mit ihnen gemeinsam zu lernen. Besonderes Gewicht legen wir auf das Arbeiten im Team, weil wir darin einen wichtigen Beitrag zum sozialen Lernen sehen.

Vor diesem Hintergrund wird kein Lehrer die Schülertische staffeln wollen wie Kirchenbänke. Offensichtlich passt die von Frau Abele vorgeschlagene Sitzordnung eben doch besser zum pädagogischen Konzept der Schule – so wie es im Leitbild ebenso feierlich wie verbindlich niedergelegt ist.

Die Klassenlehrerin müsste sich dieser Debatte nicht länger stellen, wenn auch an ihrer Schule das ➜ **Fachraumprinzip** eingeführt würde. Dann wäre sie nämlich ganz alleine für die Ausgestaltung ihres Raums verantwortlich – und damit auch für die Sitzordnung. Sogar die eigenmächtige Englischlehrerin wüsste dann, dass sie diese Grundsatzentscheidung zu respektieren hat.

Verantwortung ist nicht teilbar: Der Fachraum

Es bedeutet für jeden Lehrer eine besondere Belastung, zum Stundenwechsel jeweils **von Klassenzimmer zu Klassenzimmer** zu hetzen – vielleicht auch noch mit einem schweren Rucksack auf dem Buckel, einem Stapel Hefte unter dem Arm und einer zusammengerollten Wandkarte in der Hand. Genauso belastend empfinden es viele Lehrkräfte, in Räumen zu unterrichten, in deren lieblosem Ambiente sie sich einfach nicht heimisch fühlen können.

Solche Beeinträchtigungen ließen sich auch an Ihrer Schule ausschalten, wenn hier ein **anderes Raumkonzept** eingeführt würde. So könnten die bisherigen Klassenzimmer zu Fachräumen umgewidmet werden. Dabei wird jedem Lehrer die Verantwortung für einen bestimmten Raum übertragen, den er ganz in seinem Sinne ausgestalten kann – wobei sich die Anforderungen seines Fachs ebenso niederschlagen dürften wie seine ganz persönliche Auffassung vom schulischen Lernen.

Den **Stundenwechsel** erlebt der Lehrer dann nicht durch die weiten Gänge des Schulhauses eilend, sondern ganz entspannt in „seinem" Fachraum. Hier wartet er auf die nächste Klasse und gönnt sich gleichzeitig eine kurze Zeit des Innehaltens und Atemholens. Im Gegenzug müssen sich die Schüler an die besonderen Herausforderungen eines Wanderlebens gewöhnen: Sie können sich dann nicht mehr in die vertrauten vier Wände ihres Klassenzimmers zurückziehen, sondern müssen zur neuen Stunde jeweils einen anderen Fachraum aufsuchen.

Über die Chancen und die Risiken des Fachraums lässt sich ebenso trefflich streiten wie über die Vor-und Nachteile des Klassenzimmers. Dabei zeigt eine **Gegenüberstellung beider Raumkonzepte**, dass sich hier berechtigte Erwartungen und begründete Vorbehalte durchaus die Waage halten:

Vorteile des Fachraumprinzips	Vorteile des Klassenzimmerprinzips
› Die Verantwortung für den Zustand des Raums und dessen Ausgestaltung liegt in einer Hand.	› Die Schüler identifizieren sich lieber mit einem Raum, an dessen Ausgestaltung sie selber mitgewirkt haben.
› Die verantwortliche Lehrkraft entscheidet eigenverantwortlich darüber, wie hier die Tische und Bänke aufzustellen sind.	› Die Sitzordnung bildet die soziale Dynamik des Klassenlebens im Verhältnis 1:1 ab.

› Der Raum lässt sich mit Geräten und Materialien ausstatten, die den Anforderungen eines bestimmten Fachs entsprechen.	› Die Klassen lassen sich in der Nachbarschaft anderer Klassen im selben Alter unterbringen – was in der Regel die Stimmung hebt.
› In Physik, Chemie, Biologie, Informatik, Kunst und Musik hat sich das Fachraumprinzip über viele Jahrzehnte bewährt.	› Schüler haben ein Recht auf kleine Pausen beim Stundenwechsel, um hier jeweils für ein paar Minuten zu „chillen".
› Die Lehrkräfte verstehen sich nicht mehr als „pädagogische Ambulanz" und sind deshalb viel entspannter.	› Anders als in Fachräumen funktioniert die soziale Kontrolle im Klassenzimmer so gut, dass es hier (meistens) zu keinem Vandalismus kommt.
› Für die Schüler ist jeder Stundenwechsel mit einem Raumwechsel verbunden – was deren Bewegungsdrang entgegenkommt.	› Schulen mit Raumproblemen sind auf Klassenzimmer angewiesen, weil es hier zu keinen Leerständen kommt, mit denen in einem Fachraum aber immer wieder zu rechnen ist.

Wenn sich die Kollegen Ihrer Schule nicht darauf einigen können, welche Standards für die Ausstattung und den Zustand eines Klassenzimmers gelten sollen, sollte Ihre Schule einen Wechsel zum Fachraumprinzip erwägen. Schließlich kann hier **jeder Lehrer** ganz alleine darüber **entscheiden**, wie steril oder wie gemütlich sich sein Fachraum präsentiert.

Darüber hinaus wünschen sich viele Lehrkräfte, an die für den Unterricht notwendigen Gerätschaften, Medien, Hilfsmittel und Materialien leichter heranzukommen. Sie wollen nicht einen ganzen Schülertrupp losschicken, nur um der Klasse die Umrisse Afrikas auf der Weltkarte zeigen zu können. Und sie wollen den Unterricht nicht für eine Viertelstunde unterbrechen, bis sich im Schulhaus endlich ein Klassensatz von Liederbüchern auftreiben lässt. Gerade dieser **bessere Zugriff auf Materialien** aber ist in einem Fachraum gewährleistet. Hier steht Ihnen zuverlässig zur Verfügung, was Sie bisher erst umständlich organisieren mussten.

Denn für die **Ausstattung** der Fachräume sind unzählige Varianten denkbar:

Ausstattungsaspekte	Beispiele
Bestuhlung	› Tische in U- oder E-Form › Tischgruppen › Stuhlkreis › Sitzbälle
Mobiliar	› Regale › Bastel- und Spielkisten › Kartenständer › Sitzkissen › Sofa und Sessel › großer Teppich
Präsentationsmöglichkeiten	› Whiteboard › verschiebbare Tafeln › Flipchart › Korkwand › Stellwände › Schaukästen
Geräte	› Overhead-Projektor › Laptop › Beamer › Kopierer › HiFi-Anlage › Mikro mit Verstärker › Mikroskop

Hilfsmittel	› Papiere › Stifte › Scheren › Kleber › Nadeln
Klassensätze	› Schulbücher › Unterrichtsprogramme › Atlanten › Liederbücher › Klemmbretter
Lernmaterialien	› Materialien zur Freiarbeit › Arbeitsblätter › Lexika › Hörbücher › Zeitungsarchiv
Sonstiges	› Moderationskoffer › Musikinstrumente › Klassendruckerei › Lärmampel

Unter solchen Voraussetzungen könnten Verena Abele und ihre Kollegin wieder Frieden schließen: Jede könnte sich in ihren Fachraum zurückziehen und hier in einem **Ambiente** unterrichten, das sie sich selber ausgesucht hat.

Eine Klasse wird trockengelegt

Die Trinkgewohnheiten der Lehrkräfte sind schon lange kein Geheimnis mehr. So wissen die Schüler, dass Herr Ahrends mit einer knallroten Thermoskanne von Klasse zu Klasse zieht und dass er sich vor Beginn des Unterrichts erst einmal einen Becher Kaffee genehmigt. Von Frau Blau ist bekannt, dass sie einen ganzen Korb für ihre Trinkutensilien mit sich herumschleppt und dass sie ihren Tee nach einem Rezept der Hildegard von Bingen zubereitet. Frau Cooper schließlich macht keinen Hehl daraus, dass sie die Quellen vom Westrand der Vogesen bevorzugt, weshalb sie noch nie ohne eine Zwei-Liter-Flasche Mineralwasser gesichtet worden ist.

Gerade die jüngeren Lehrkräfte haben erkannt, wie wichtig das Trinken für ihr Wohlbefinden ist. Deshalb haben sie auch immer irgendwelche Kannen und Flaschen im Gepäck. Dass regelmäßiges Trinken Leib und Seele zusammenhält, sollte eigentlich auch für die Schüler gelten. Allerdings hat sich das noch nicht an allen Schulen herumgesprochen. So bestehen viele Lehrkräfte darauf, dass das Trinken in ihren Stunden verboten ist und die Schüler damit bis zur nächsten Pause warten. Andere erlauben ihren Schülern das Trinken nur bei hochsommerlichen Temperaturen, nach einer Klassenarbeit oder im Anschluss an den Sportunterricht. Wieder andere sind davon überzeugt, dass das Trinken der psychischen und physischen Präsenz ihrer Schüler nur gut tun kann; bei ihnen ist der Griff zu Becher oder Flasche deshalb grundsätzlich erlaubt. Zur letzteren Gruppe gehört auch Herr Olms – und der junge Lehrer hat damit bisher nur gute Erfahrungen gemacht.

Umso irritierter ist Christian Olms, als er sich wegen dieser liberalen Praxis vor der Klassenkonferenz einer 6. Klasse rechtfertigen soll. Mehrere Kollegen wollen nämlich durchsetzen, dass für das Trinken im Unterricht eine einheitliche Haltung vereinbart wird. Und das kann für sie nur bedeuten, dass diese Unsitte in allen Fächern und bei allen Lehrkräften verboten bleibt und mit der nötigen Unnachsichtigkeit geahndet wird. „Erziehung funktioniert nur, wenn wir alle an einem Strang ziehen", glaubt man, den Berufsanfänger belehren zu müssen. Herr Olms kennt dieses Argument und hat deswegen schon manche Kröte schlucken müssen: So hat er schweren Herzens zugestimmt, dass in der 6d der Gebrauch von Tintenkillern, das Tragen von Baseballkappen und der Genuss von Wassereis in der Pause verboten ist – und dass das natürlich für alle gilt. Aber irgendwann ist auch für Christian Olms ein Ende der Fahnenstange erreicht …

Konflikte, die nicht zwischen zwei Lehrkräften, sondern **innerhalb eines Gremiums** ausgetragen werden, folgen eigenen Gesetzen. So kann sich Herr Olms sicher sein, dass dieser für ihn überraschende Vorstoß gut vorbereitet ist: Die Befürworter eines generellen Trinkverbots werden sich bereits im Vorfeld der Klassenkonferenz in informellen Gesprächen eine absehbare Mehrheit gesichert haben. Denn niemand von ihnen wird eine mögliche Niederlage riskieren wollen.

Herr Olms sollte aber auch wissen, dass die hier anstehende Frage seinen **pädagogischen Freiraum** tangiert und er sich deswegen einer Mehrheitsentscheidung nicht beugen muss. Und das sollte er den Mitgliedern der Klassenkonferenz gegenüber von vorneherein klarstellen:

> *„Wir haben es hier mit einer Dialektik zu tun, die uns im Zusammenhang mit pädagogischen Fragen immer wieder einholen wird: Einerseits wäre es tatsächlich wünschenswert, wenn wir alle an einem Strang ziehen würden und uns die Schüler nicht gegeneinander ausspielen könnten. Andererseits bedeutet eine solche Übereinkunft immer auch einen Eingriff in unsere pädagogische Autonomie. Und auch die stellt für mich ein hohes Gut dar. Deshalb möchte ich mir von einer Mehrheit dieser Klassenkonferenz keine Haltung aufdrängen lassen, die ich inhaltlich nicht mittragen kann."*

Selbstverständlich haben die Kollegen ein Recht darauf, dass ihnen Christian Olms seine Bedenken im Einzelnen vorträgt. Der Lehrer hat allerdings **die besseren Argumente**. Und so sollte es ihm kein Problem bereiten, den einen oder anderen Kollegen doch noch umzustimmen:

> *„Das Klassenzimmer der 6d ist eine regelrechte Staubfalle: Der Boden wird nur einmal in der Woche feucht aufgewischt, der Kreidestaub verteilt sich in allen Ecken des Raums und dass sich das Waschbecken auf dem Gang befindet, ist ohnehin ein Unding. Vor diesem Hintergrund wäre es schon aus gesundheitlichen Gründen nicht zu verantworten, den Kindern das Trinken zu verbieten. Außerdem wissen wir doch, wie es um die Nahrungssituation unserer Schüler bestellt ist: Sie essen zu fett und zu süß, sie ernähren sich zu einseitig und sie trinken viel zu selten. Wenn wir als Lehrer hier nicht gegensteuern – wer dann? Hier haben wir eine pädagogische Aufgabe zu erfüllen."*

Trotz seiner jungen Jahre ist Herr Olms gremienerfahren genug, um den weiteren Verlauf der Diskussion abschätzen zu können: Er weiß, dass sich die meisten Teilnehmer keine weitere Polarisierung wünschen. Und er weiß: Wer jetzt einen **Kompromiss anbieten** kann, wird sich damit in der Klassenkonferenz wahrscheinlich durchsetzen:

„Ich schlage vor, dass wir dazu heute noch keine Entscheidung fällen, sondern dass wir dazu erst unsere Schulärztin hören. Es wäre klug, vor einer Abstimmung das Votum einer Fachfrau eingeholt zu haben."

Und er könnte zusätzlich vorschlagen, weitere Meinungen einzuholen:

„In Frau Coopers Klasse gilt schon länger, dass die Schüler während des Unterrichts trinken dürfen. Wir könnten sie zusätzlich über ihre Erfahrungen berichten lassen."

Es wäre schon sehr ungewöhnlich, wenn die Mehrheit der Klassenkonferenz einem solchen Vorschlag nicht folgen würde. Denn die Kollegen wollen keinen Streit und sind deshalb froh, wenn eine für alle **annehmbare Lösung** gefunden würde. Christian Olms aber hätte seinen **Freiraum** erst einmal gegen die Anwälte einer pädagogischen Gleichmacherei verteidigt.

Um aber in Zukunft solche Konflikten gar nicht erst entstehen zu lassen, sollten sich die Kollegen, die in einer Klasse unterrichten, schon im Vorfeld als eine **Gemeinschaft aus Gleichgesinnten** zusammenfinden. Als → **Klassenteam** verfügen sie dann über eine gemeinsame Haltung zu vielen Themen.

Miteinander statt gegeneinander: Das Klassenteam

Das arme sprichwörtliche Dorfschulmeisterlein erledigte noch **alles im Alleingang**: Es unterrichtete Rechnen, Schreiben und Lesen. Von ihm ließen sich die Schüler in den Dreivierteltakt, den Linolschnitt und den Stufenbarren einweisen. Und der Dorfschulmeister zeichnete darüber hinaus auch für das sonntägliche Orgelspiel oder die Gstanzeln (Vierzeiler) zum Kirchweihausklang verantwortlich.

Demgegenüber ist der Lehrerberuf heute weitgehend spezialisiert, das Unterrichten ist arbeitsteilig organisiert. Deshalb wirkt in jeder Klasse ein **Team von Fachlehrern** zusammen. Auch in der Grundschule setzt sich dieses Prinzip immer mehr durch. Es belastet die pädagogische Situation einer Klasse, wenn die Lehrkräfte hier nicht zusammen, sondern gegeneinander arbeiten: Wenn der eine erlaubt, was bei anderen ausdrücklich verboten ist. Wenn sich die Schüler mit jeder neuen Stunde auf einen anderen Erziehungsstil, einen anderen Umgangston und eine andere Lernmethode einstellen müssen. Solche Wechselbäder können zur **Desorientierung und zum Wertedissens** beitragen – und damit sind gerade jüngere Schüler überfordert.

Deshalb sollte für jede Klasse ein **Lehrerteam** gebildet werden, das auch wirklich **zusammenpasst**. Das bedeutet, dass die hier eingesetzten Lehrkräfte …

- hinsichtlich ihrer pädagogischen Grundüberzeugungen weitgehend übereinstimmen.
  So macht es wenig Sinn, eher liberale und eher autoritäre Kollegen gemeinsam auf die Schüler loszulassen.
- sich hinsichtlich ihrer Kompetenzen, ihrer Interessen und ihrer pädagogischen Schwerpunkte möglichst gut ergänzen.
  So sollten in einer Klasse nicht nur Lehrkräfte unterrichten, die sich von einem fachdidaktischen Interesse leiten lassen.
- die Gewichtung von Zusammenarbeit und Eigenverantwortung ähnlich beurteilen.
  So lassen sich interdisziplinär ausgerichtete Kollegen nicht mit ausgemachten Einzelkämpfern zusammenspannen.

Wenn sich auch Ihre Schule für diesen Weg entscheidet, könnte das **Vorgehen** folgendermaßen aussehen: In der Regel wird die Schulleitung zunächst die Funktion des Klassenlehrers besetzen und dann zusammen mit diesem entscheiden, durch wen das zu bildende Klassenteam optimal zu ergänzen wäre.

Weil die betroffenen Lehrkräfte Anspruch auf ein möglichst **transparentes Verfahren** haben, sollten die einzelnen Klassenteams innerhalb des Kollegiums ausgeschrieben werden. So lässt sich böses Blut vermeiden, es wird von Anfang an mit offenen Karten gespielt.

In diesem Sinne ließe sich z. B. die Bildung der Klassenteams für eine 5. Jahrgangsstufe mit einem **Aushang im Lehrerzimmer** eröffnen:

Mitstreiter gesucht!

Im nächsten Schuljahr wird es an unserer Schule sechs 5. Klassen geben. Als künftige Klassenlehrer suchen wir Kolleginnen und Kollegen, die uns bei unserer Arbeit als Fachlehrkräfte unterstützen wollen. Falls Sie Interesse haben – sprechen Sie uns doch an!

Klassenleitung	Schwerpunkte der pädagogischen Arbeit
5a: Frau Schwerdtfeger	Viele Schüler der 5a kommen aus Migrantenfamilien. Ein besonderer Schwerpunkt wird auf der Sprachförderung sowie auf einer engagierten Elternarbeit liegen.
5b: Herr Rieger-Drumbski	In der 5b soll der Freiarbeit ein besonderer Stellenwert eingeräumt werden. Dazu nehmen alle Lehrkräfte an begleitenden Fortbildungen teil.
5c: Frau Karambatsos	Drei Schüler besuchten bisher die Sehbehindertenschule. Sie in die Klasse zu integrieren, wird für die Lehrer und Mitschüler eine besondere Herausforderung darstellen.
5d: Frau Hohlwanger	Die Schüler der 5d sollen lernen, Regeln zu akzeptieren und Grenzen zu respektieren. Deshalb werden sich alle Lehrkräfte auf einen Katalog verbindlicher Sanktionen verständigen.

5e: Herr Wabnitz	Ein besonderer Schwerpunkt in dieser Klasse wird auf der Förderung der Jungen liegen. Dazu ist eine zeitweilige Trennung nach Geschlechtern ebenso geplant wie die Einrichtung von Jungen- und Mädchenkonferenzen.
5f: Frau Straube-Fernandez	Besonders leistungsstarke Schüler sollen in der 5f die Chance haben, ihr Begabungsprofil zu schärfen. Dazu sollen ihnen Zusatzaufgaben gestellt und entsprechende Förderkurse angeboten werden.

Herr Olms hätte sich im Rahmen dieser Ausschreibung wohl kaum für einen Einsatz in der 5d gemeldet. Und auch für eine Zusammenarbeit mit Frau Straube-Fernandez käme er eher nicht in Frage. Dagegen würde er mit Herrn Wabnitz sicherlich ein **gutes Team** bilden. Und auch in der 5c würde man sich wohl mit anderen Themen beschäftigen als ausgerechnet mit dem Trinken im Unterricht.

Natürlich wird das Zusammenstellen von Klassenteams komplizierter, je kleiner ein Kollegium ist und je weniger freie Kombinationsmöglichkeiten gegeben sind. Hier könnte die Schulleitung jedoch darauf achten, dass zumindest der Klassenlehrer und sein Stellvertreter und wenn möglich noch die Hauptfachlehrer mit ihren vielen Stunden in der Klasse gut zusammenpassen.

Durch die **Arbeit im Klassenteam** könnte also auch an Ihrer Schule zusammenwachsen, was ohnehin zusammengehört.

Mit 55 aufs Altenteil

Frau Marschall kann sich nicht daran erinnern, dass die Platzwahl im Lehrerzimmer jemals ein Thema gewesen wäre. Schon als sie hier vor 26 Jahren angefangen hat, stand jedem Lehrer ein fester Platz zu und niemand hätte es gewagt, ihm diesen streitig zu machen. Das kann auch daran gelegen haben, dass die Sitzordnung im Lehrerzimmer die soziale und politische Gemengelage des Kollegiums zuverlässig abbildete. Doris Marschall hat sich an ihrem Tisch auch immer sehr wohl gefühlt, weil sie es hier mit Kollegen zu tun hatte, die das Erbe der 68er hochhielten, die sich dem Leitbild einer demokratischen Schule verpflichtet fühlten und die sich im Personalrat oder in der GEW-Betriebsgruppe engagierten.

Vor zwei Jahren jedoch verabschiedeten sich die Kollegen Heide und Norbert in den Ruhestand und zum Ende des letzten Schuljahres räumten dann auch Friedemann und Rosi ihre Plätze. Inzwischen hält Doris als letzte „Überlebende" ihrer Tischgruppe die Stellung – und diese monolithische Existenz fällt ihr schwerer, als sie sich das selber eingestehen möchte. Dabei hat sie noch zehn Jahre im Schuldienst vor sich, ist vom eigenen Ruhestand also noch meilenweit entfernt.

Isoliert im eigenen Kollegium – so richtig bewusst wird Frau Marschall dieser Sonderstatus erst, als ihr angestammter Platz zu Beginn des Schuljahres von einer Gruppe junger Lehrerinnen in Beschlag genommen wird. Die Kolleginnen haben sich schon vor Beginn der Eröffnungskonferenz des verwaisten Tischs bemächtigt und Frau Marschall kurzerhand auf einen freien Platz an der Peripherie des Lehrerzimmers verbannt. Als sich Doris Marschall deswegen bei den selbstbewusst und reichlich nassforsch auftretenden jungen Frauen beschwert, bekommt sie von deren Anführerin zu hören: „Was regen Sie sich denn so auf? Niemand verlangt von Ihnen, dass Sie stehen müssen. Und überhaupt: Wegen der paar Jahre, die Sie noch hier sind, lohnt es sich doch überhaupt nicht, so einen Aufstand zu machen."

Nicht jeder verfügt über notwendige Souveränität, um solche Unverschämtheiten **angemessen parieren** zu können. Aber jeder, der sie hat, erarbeitet sich im Laufe der Zeit dafür seine eigene Methode.

Der erfahrene Norbert hätte sich auf kein Wortgefecht eingelassen, sondern die aufgedrehten Junglehrerinnen ebenso **gelassen wie bestimmt zurechtgewiesen**:

„Es ist an dieser Schule nicht üblich, die Sitzordnung im Lehrerzimmer eigenmächtig zu ändern. Ich werde mich in dieser Sache an den Personalrat wenden. Denn hier handelt es sich offensichtlich um einen Präzedenzfall. Und deswegen sollte sich auch die Mitarbeitervertretung mit diesem Vorgang beschäftigen."

Norberts Vorgehen wäre zwar formal korrekt, aber nicht jeder kann so abgeklärt und beherrscht reagieren.

So hätte es die pragmatische Heide wohl vorgezogen, die völlig deplatzierte **Anmache** der Wortführerin großmütig zu **übergehen** und sich auf den eigentlichen Konflikt zu konzentrieren:

„Ich verstehe ja, dass ihr zusammensitzen wollt. Und ich kann auch nachvollziehen, dass ihr euch dafür diesen Tisch ausgeguckt habt. Aber dass ihr mich deswegen ungefragt von meinem Platz verdrängen wollt – das geht gar nicht. Vielleicht habt ihr eine Idee, wie man die Tische im Lehrerzimmer anders stellen könnte. Da lässt sich an manche Variante denken. Und wie ihr wisst, bin ich solchen Neuerungen gegenüber immer aufgeschlossen."

Heide hätte nicht nachgegeben. Aber sie hätte so den jungen Kolleginnen wenigstens ein Angebot zur Lösung der Platzprobleme gemacht.

Demgegenüber wäre es Friedemann weniger um seinen Platz im Lehrerzimmer als um den Umgang mit einem älteren Kollegen gegangen. Seine **Reaktion** wäre deshalb wahrscheinlich **viel grundsätzlicher** ausgefallen:

„Durch Ihr Verhalten fühle ich mich abgewertet und zurückgesetzt. Ein Kollegium lebt von einem gesunden Mix aus jüngeren und älteren Kollegen. Mir deshalb mein Lebensalter vorhalten zu wollen, halte ich für völlig unangemessen. Auch ältere Kollegen dürfen nicht zur Manövriermasse werden, die man beliebig hin- und herschieben kann. Schon deshalb kann und will ich hier nicht nachgeben."

Friedemann hätte erkannt, dass es hier nur oberflächlich um die Sitzordnung im Lehrerzimmer geht. Viel wichtiger wäre ihm aber gewesen, wie die unterschiedlichen Generationen innerhalb eines Kollegiums miteinander umgehen. Und so hätte er das auch den jungen Lehrerinnen vermittelt.

Von Rosi war bekannt, dass sie einer solchen Auseinandersetzung lieber aus dem Weg gegangen wäre. Die Lehrerin für Textil und Hauswirtschaft war ohnehin eher auf Harmonie gestimmt. Deshalb hätte sie es als einen ganz normalen Vorgang empfunden, dass Lehrkräfte in den letzten Jahren ihrer Berufstätigkeit nicht mehr im Zenit der kollegialen Aufmerksamkeit stehen, sondern eher zu allseits respektierten Randfiguren werden. Altersmilde und **großmütig** hätte sie den jungen Kolleginnen deshalb geantwortet:

„In ein paar Jahren werde ich tatsächlich aus dem Schuldienst ausscheiden. Der Lauf der Zeit lässt sich eben nicht aufhalten. Wenn Sie darauf bestehen, bin ich notfalls auch bereit, meinen Platz zu räumen. Mir wäre es aber lieb, wenn Sie darin keinen Rückzug auf Raten sehen würden. Noch bin ich im Dienst. Und noch möchte ich deshalb mitreden und mitentscheiden – wo immer mein Platz im Lehrerzimmer auch sein wird."

Für Frau Marschall ist es ein reizvolles Planspiel, sich die Vertrauten früherer Jahre vorzustellen und ihr Verhalten in diesem Konflikt auszumalen – auch wenn sie selber so nicht reagieren möchte.

Vielleicht wird Doris Marschall bei diesen Überlegungen bewusst, dass hier ein **strukturelles Problem** vorliegt und dass sie dieses bisher hartnäckig verdrängt hat: Lehrkräfte in der letzten Dekade ihrer Berufsbiografie werden von der Schulleitung und von den Kollegen oft so behandelt, als ob sie gar nicht mehr da wären. Sie werden aus wichtigen Funktionen abgezogen, bei möglichen Beförderungen nicht mehr berücksichtigt und aus dem kollegialen Leben immer mehr ausgegrenzt. Sie gelten als unkündbar, unbeförderbar und unbelehrbar – was sich freilich auch als ein Freibrief für persönliche Autonomie und pädagogische Narrenfreiheit lesen lässt. Damit aber will sich die energische Mittfünfzigerin nicht abfinden. Noch sucht sie allerdings nach einer geeigneten Form, um ihre **Pläne für die letzte Berufsdekade** innerhalb des Kollegiums zu kommunizieren.

Da trifft es sich gut, dass Frau Marschall inzwischen auf eine 25-jährige Dienstzeit zurückblickt und dass dieses **Jubiläum** demnächst im Kollegenkreis gefeiert werden soll. Als erfahrene Lehrerin weiß Doris Marschall, was aus diesem Anlass alles auf sie zukommt: Der feierlichen Ansprache der Schulleiterin und den launigen Worten des Personalrats wird sich ein Umtrunk anschließen, zu dem die Jubilarin alle Lehrkräfte der Schule einlädt. Vielleicht nutzt sie die Gunst der Stunde, um den Kollegen gegenüber einiges klarzustellen. Hier kann sie deutlich machen, dass sie auch in den nächsten zehn Jahren noch nicht aufs Altenteil abgeschoben werden möchte, sondern dass mit ihr im Klassenzimmer und im Kollegenkreis auch weiterhin zu rechnen ist.

Bevor die Kollegen auf Frau Marschall anstoßen, sollen sie sich deshalb ihre **Pläne für die nächsten Jahre** anhören. Denn die Mittfünfzigerin hat noch viel vor:

„Liebe Kolleginnen, liebe Kollegen! Ich freue mich, dass ihr meiner Einladung gefolgt seid und mit mir auf mein 25-jähriges Dienstjubiläum anstoßen möchtet. Für mich beginnt heute nicht die allmähliche Einstimmung auf den Ruhestand, sondern ein neuer Abschnitt meiner beruflichen Biografie. Und auch dieser letzte

Abschnitt wird manche Herausforderung bereithalten, der ich mich im Sinne guter Kollegialität mit euch zusammen stellen möchte. Ich möchte deshalb jetzt mit euch anstoßen. Ich möchte anstoßen auf die Neugierde – um mich auf neue Themen einzulassen. Ich möchte anstoßen auf den Mut – um mir meine pädagogischen Freiheiten zu nehmen. Und ich möchte anstoßen auf die Gelassenheit – um auch mögliche Konflikten auf mich zu nehmen. Denn das Beste kommt bekanntlich zum Schluss!"

Mit diesem Empfang zu ihrem 25. Dienstjubiläum startet Frau Marschall in den letzten Abschnitt ihrer pädagogischen Laufbahn. Und allen Kollegen dürfte klargeworden sein, dass sie diese Etappe voller **Tatendrang** und innovativer **Leidenschaft** angeht. Vor diesem Hintergrund hat sie es nicht mehr nötig, den Platzhirsch zu spielen und sich an den Statuskämpfen innerhalb des Kollegiums zu beteiligen.

Ganz egal, ob sie ihren Platz im Zentrum des Lehrerzimmers behauptet oder ob sie an den Rand ausweicht – Frau Marschall hat zu ihrer Rolle und damit auch zu einem neuen Selbstbewusstsein gefunden, das sie z. B. in einem Gremium wie dem → **Senat** produktiv für das Schulleben einzusetzen weiß.

Die Erfahrung der Älteren nutzen: Der Senat

Nach Einschätzung vieler Schüler und Eltern stellt sich die **berufliche Biografie** eines Lehrers als eine kontinuierliche Abwärtsspirale dar: Der pädagogische Heißsporn der Anfangsjahre entwickelt sich mit der Zeit zu einem abgeklärten Profi, der gegen Ende seiner Laufbahn zu einer demotivierten und ausgebrannten Witzfigur mutiert. Dieses Bild ist ebenso unfair wie ungerecht. Denn jede Lehrerpersönlichkeit nimmt ihre eigene Entwicklung, jeder Pädagoge findet seinen eigenen Weg. Außerdem wird der Verlust der anfänglichen Neugierde und Begeisterungsfähigkeit durch einen Zugewinn an Souveränität und Gelassenheit kompensiert. Deshalb ist jedes Kollegium auf die Erfahrung und den Überblick der Älteren angewiesen. Nur scheint sich bisher niemand die Mühe gemacht zu haben, diese besondere Kompetenz angemessen zu würdigen oder dafür nach einem **institutionellen Rahmen** zu suchen.

Mit der **Einrichtung eines Senats** könnte auch Ihre Schule den älteren Lehrkräften ein solches Angebot machen: Der Senat verfolgt den aktuellen Kurs einer Schule und gibt **Impulse** zu deren Weiterentwicklung. Dabei erinnern seine Mitglieder an Herausforderungen, denen sich die Schule zu stellen hat, sie verweisen aber auch auf Tendenzen, die es zu korrigieren gilt.

Die **Mitglieder** des Senats unterrichten im besten Fall schon viele Jahre an der Schule und wissen deshalb, was deren besondere Identität und was deren unverwechselbares Profil ausmacht.

Damit sich Schüler, Lehrer und Eltern auch weiterhin mit ihrer Schule identifizieren können, bedarf es eines verlässlichen Echolots. Deshalb könnten die Zusammensetzung und die Aufgabenstellung des Senats in der Schulverfassung festgeschrieben werden:

Der Senat

(1) Dem Senat gehören alle hauptamtlichen Lehrkräfte an, die das 55. Lebensjahr vollendet haben.

(2) Seine Aufgabe ist es, die Entwicklung unserer Schule zu beobachten und dazu Empfehlungen abzugeben. Er orientiert sich dabei an den Grundsätzen unserer pädagogischen Arbeit, wie sie im Leitbild der Schule niedergelegt sind.

(3) Der Senat wählt aus seiner Mitte einen Sprecher, der das Gremium nach innen und nach außen vertritt.

(4) Der Sprecher des Senats nimmt an allen Sitzungen des Schulforums mit beratender Stimme teil. Er muss auf Wunsch auch von allen anderen Gremien gehört werden.

(5) Zum Abschluss des Schuljahres legt der Senat einen Bericht über den aktuellen Stand der Schulentwicklung vor. Dieser wird im Jahresbericht unserer Schule veröffentlicht.

Durch ihre Mitgliedschaft erfahren die Älteren innerhalb des Kollegiums, dass sie nicht nur mitgeschleppt werden, sondern dass ihr Rat durchaus gefragt ist.

Die Schule ist aber auch auf ein solches **Wächteramt** angewiesen, wenn sie nicht vor lauter Aktionismus und Betriebsblindheit ins Schlingern geraten soll. So könnte der Senat …

- darauf hinweisen, dass jeder zehnte Schüler die Schule ohne Abschluss verlässt und dass für die Betroffenen deshalb ein gezieltes Coaching angedacht werden sollte.
- daran erinnern, dass sich die Schule im Rahmen der Inklusion auch behinderten Schülern öffnen und den Lehrkräften entsprechende Fortbildungen anbieten sollte.
- festhalten, dass das Methodenlernen bislang ganz allein vom guten Willen einzelner Lehrkräfte abhängt und dass sich die Schule deshalb auf ein verbindliches Methoden-Curriculum verständigen sollte.
- beantragen, dass die Klassenräume schrittweise umgestaltet und dem Modell des beweglichen Klassenzimmer angeglichen werden sollten, um so den Anforderungen moderner Unterrichtsformen zu genügen.
- dafür sensibilisieren, dass der Umgang mit I-Pads, Smartphones und Co. für manche Schüler inzwischen zu einem Suchtproblem geworden ist und dass hier die Schule entsprechend gegensteuern muss.
- darauf aufmerksam machen, dass nur wenige Lehrkräfte ihren Klassen regelmäßig eine Feedback-Stunde anbieten und dass deshalb ein entsprechender Passus ins Schulprogramm aufgenommen werden sollte.

In der Routine des Schulbetriebs fehlt es oft an der notwendigen Wertschätzung. Auch der Platzverweis für Frau Marschall war nur ein Beleg dafür, wie wenig **Respekt und Wertschätzung** ältere Lehrkräfte für sich in Anspruch nehmen können. Durch die Berufung der erfahrenen Lehrerin in der Senat ihrer Schule wäre vielleicht auch den jüngeren Kolleginnen bewusst geworden, dass es nicht immer die Aktivisten aus der ersten Reihe sind, die eine Schule voranbringen – sondern ebenso die besonnenen und nachdenklichen Kollegen jenseits der Lebensmitte.[17]

Durch ihre Arbeit im Senat hätte Doris Marschall allen zeigen können, dass mit ihr noch zu rechnen ist – als einer neugierigen, mutigen und gelassenen **Beobachterin des schulischen Lebens**.

Literaturhinweise

1 *Jonas Lanig:*
Gegen Chaos und Disziplinschwierigkeiten.
Eigenverantwortung in der Klasse fördern.
Mülheim an der Ruhr 2004 (Verlag an der Ruhr), S. 33ff.

2 *Jonas Lanig:*
Gegen Chaos und Disziplinschwierigkeiten.
S. 84ff.

3 *Karlheinz Ingenkamp (Hrsg.):*
Die Fragwürdigkeit der Zensurengebung.
Weinheim und Basel 1995 (Beltz)

4 *Jonas Lanig:*
Jungenförderung im Klassenzimmer.
Mit einem veränderten Selbstverständnis zu besseren Leistungen,
in: Starke Lehrer – Starke Schule. Stuttgart 2012 (Raabe)

5 *Eva Blum/Hans-Joachim Blum:*
Der Klassenrat.
Ziele. Vorteile. Organisation.
Mülheim an der Ruhr 2012 (Verlag an der Ruhr)

6 *Jonas Lanig:*
Gegen Chaos und Disziplinschwierigkeiten,
S. 92ff.

7 Fundort: www.ldl.de

8 **Strafgesetzbuch StGB (= Beck-Texte im dtv),**
München 2013 (Deutscher Taschenbuch-Verlag)

9 **§ 84(2) BayEUG.**
Fundort: Bayerisches Gesetz über das Erziehungs- und Unterrichtswesen (BayEUG), München 2011 (Maiss)

10 Fundort: www.aktion-zivilcourage.de

11 *Jonas Lanig:*
Gegen Chaos und Disziplinschwierigkeiten,
S. 148ff.

12 *Jonas Lanig:*
Feedback im Klassenzimmer.
Ehrliche Bewertungen statt unkontrollierter Stimmungsmache,
in: Starke Lehrer – Starke Schule, Stuttgart 2012 (Raabe)

13 *Thomas Gordon:*
Lehrer-Schüler-Konferenz.
Wie man Konflikte in der Schule löst.
München 2012 (Heyne)

14 *Karl Lanig:*
Die pädagogischen Jahre Hegels in Nürnberg,
in: G.W.Fr. Hegel. Rektor in Nürnberg 1808 – 1816. Nürnberg 1966 (Selbstverlag), S. 37f.

15 *Jonas Lanig:*
Gegen Chaos und Disziplinschwierigkeiten,
S. 166ff.

16 *Bayerisches Staatsministerium für Unterricht und Kultus:*
Handbuch für Schülervertreter.
München 2010, S. 20

17 *Jonas Lanig:*
„Das Beste kommt zum Schluss!"
Perspektiven für die letzte Berufsdekade,
in: Starke Lehrer – Starke Schule. Stuttgart 2013 (Raabe)